EVELIN CHUDAK

GROW FLOW LET GO

Wach auf, lass los und lebe deine Wahrheit

Umschlaggestaltung: Euan Monaghan
Foto: Nick Easton Photography
Lektorat: Petra Kummermehr
ISBN: 978-1981267040
www.modernhippie.de

Für André, der mich meine Werte und Grenzen erkennen ließ

„When we no longer know what to do,
we have come to our real work
and when we no longer know which way to go,
we have begun our real journey."

– Wendell Berry

Inhalt

Vorwort

Wenn ich auf die letzten Jahre zurückblicke, sehe ich immer deutlicher, weshalb ich mich in dieser Zeit so schlecht gefühlt habe. Ich war energielos, hatte keine Ziele und sah wenig Sinn in meinem Leben.

Ich war nicht mehr mit meinem wahren Ich verbunden. Mit diesem Ich hatte ich mich leicht gefühlt, es gab mir den Weg vor, inspirierte mich und machte mich glücklich. Es überdachte auch nicht alles übermäßig. Wenn ich mit diesem Ich – mit meiner Mitte also – verbunden war, dann konnte ich hören, wie es mir immer wieder zuflüsterte „Du kannst mir vertrauen“.

Genau diese Verbindung ist mir über die Jahre abhandengekommen. Sie war einfach weg. Als Kind war sie für mich selbstverständlich, sie war immer da.

Aber dann wurde ich erwachsen, ich lernte vieles hinzu, wurde von vielen Seiten geprägt und mir wurde gesagt, was richtig und was falsch ist. Es ist natürlich gut Neues dazuzulernen, doch geht damit oftmals unsere Kreativität und unsere wahre Essenz – das, was uns wirklich ausmacht –

verloren. Denn mit jedem neuen Input kommt eine neue Schicht hinzu, die unsere Essenz zu verschütten droht. Und mit den Jahren werden es immer mehr Schichten.

Einige von uns finden sich dann vielleicht in einem mittelmäßigen Leben wieder, mit wenig Leidenschaft, Vertrauen und Freude. Vielleicht wird uns dann noch vermittelt, dass das Leben so sein sollte. Und so finden wir uns an einer Stelle wieder, an der wir nicht sein sollten. Das Leben hat nämlich etwas Besseres für uns geplant! Aber dafür müssen wir lernen zuzuhören. Wir müssen lauschen, was es uns mitteilen möchte. Auch müssen wir bereit sein, es anzunehmen und dankbar zu sein.

Wenn wir tatsächlich nur hier wären, um unsere Pflichten zu erfüllen und ein geregeltes Leben zu führen, dann hätte ich mir schon längst darüber Gedanken gemacht, ob ich noch hier sein möchte. Mir wäre das Leben dann zu trostlos und zu unkreativ. Es wäre ja fast eine Form von moderner Sklaverei.

Doch das Leben ist etwas wundervoll Mysteriöses, voller Möglichkeiten und Schönheit! Sicher – es kann auch eintönig, stressig und sinnlos sein. Aber das hängt alles von uns ab. Und zwar davon, ob wir wirklich mit uns selbst verbunden sind. Ob wir wissen und fühlen, wer wir sind, und was wir wollen.

Ich selbst habe mein Studium vor einigen Jahren abgebrochen, mein komplettes Leben umgekrempelt und mich raus in die Welt begeben, um diese Essenz, die das Leben wunderschön und aufregend macht, wiederzufinden. Ich habe das getan, was mir mein Herz die ganze Zeit zugeflüstert hat. Nein, eigentlich hat es schon geschrien und mich angefleht, endlich den richtigen Weg einzuschlagen.

Ich lebe heute meine Berufung und es fühlt sich unglaublich an. Vor Jahren hätte ich niemals gedacht, dass so etwas möglich ist. Ich habe versucht, realistisch zu sein, auch wenn mir mein Gefühl etwas ganz anderes gesagt hat. Der Unterschied zu meinem damaligen Leben könnte kaum größer sein. Ich folge nun einfach meinem Herzen und meinem eigenen Rhythmus.

Das sage ich nicht, um mich zu loben, sondern um zu motivieren und zu inspirieren. Denn jeder hat die Möglichkeit, ein Leben zu führen, das abwechslungsreich, glücklich, inspirierend ist und nach seinen Vorstellungen verläuft.

In meinem ersten Buch „Freiheit beginnt im Kopf“ ging es ums Heilen und darum, den Prozess anzustoßen und Veränderung zuzulassen. Zu zeigen, was möglich ist und welche Schritte dafür notwendig sind. Dieses Buch ist der nächste Schritt. Es geht noch weiter in die Tiefe.

Lasst uns die Begrenzungen in unserem Kopf auflösen, die wir durch die Vergangenheit angesammelt und kultiviert haben. Denn wir sind mutig genug und besitzen die Größe, das Leben zu führen, das wir führen wollen. Wir sind wesentlich mächtiger, als es uns vielleicht manchmal erscheint.

Die Zeit ist vorbei, in der wir uns nur an der Oberfläche befanden, weil wir uns nicht getraut haben, unser wahres Potenzial zu erkennen und zu leben. Wir tauchen tief ein und schauen, was es für uns bereithält.

Bist du auch bereit?

Prolog

Penang (Malaysia), Juni 2016

Draußen ist es schon dunkel und ich mein Magen knurrt. Doch ich kann mein Hotelzimmer nicht verlassen, weil mein Fieber schon wieder auf über 40 Grad ansteigt. Ich habe höllische Angst. Erst vor ein paar Stunden bin ich aus dem Krankenhaus entlassen worden. Und nun steigt das Fieber erneut. Seit knapp zwei Wochen hält es nun schon an und nichts scheint zu helfen.

Am liebsten möchte ich mich ins kalte Badewasser legen, doch ich habe Angst. Ich möchte nicht schon wieder nachts auf dem Weg dorthin kollabieren, wie es mir vor einigen

Tagen erst passiert ist. Doch ich wage es. Ich lege mich in kaltes Wasser und versuche ruhig zu bleiben. Nach ein paar Minuten verlasse ich die Wanne und setze mich auf das Hotelbett. Ich höre, wie es draußen plötzlich anfängt, wie aus Eimern zu gießen. Ein heftiges Gewitter zieht auf. Zur gleichen Zeit ruft der Muezzin zum täglichen Gebet auf. Die Gesänge vermischen sich mit dem Gewitter, das draußen tobt. Und in mir steigt das Gefühl auf, dass diese Kombination etwas Magisches mit sich bringt.

Ich spüre, wie die Energie im Zimmer extrem ansteigt. Mit einem Mal werde ich rasend vor Wut. Ich fange an, Gegenstände gegen die Wände zu werfen. Ich kann mich nicht mehr zurückhalten und fange an zu schreien und zu weinen.

Dann, auf einmal höre ich eine Stimme in mir. Sie sagt mir, dass ich mich wieder hinsetzen solle. Ich gehorche und fange an zu meditieren. In diesem Moment lösen sich noch mehr Emotionen, ich weine bitterlich und bitte um Heilung. Da fragt mich die Stimme in mir: „Bist du bereit, in deine Macht zu treten?". Und plötzlich weiß ich, worum es hier geht und woher das hohe Fieber kommt. Ich fange an, noch mehr zu weinen und schreie: „Ja". Darauf folgt dann Stille und eine unglaubliche Leichtigkeit.

Haltet mich für vollkommen verrückt, aber das Fieber war ab diesem Moment spurlos verschwunden und kam nicht mehr wieder. Im Nachhinein wurde mir erzählt, dass viele Reinigungen so ablaufen können und auch alles andere als angenehm sind.

Hätte ich aber vorher gewusst, worauf ich mich da einlasse, dann hätte ich es entweder nicht für möglich gehalten oder die Finger davongelassen. Aber nun eins nach dem anderen…

Drei Monate zuvor

Chiang Mai (Thailand), März 2016

Schon wieder war ich in Thailand. Und auch dieses Mal lief alles ganz anders, als erwartet. Wie eigentlich jedes Mal, wenn ich thailändischen Boden betrete.

Geplant war eine Reise voller Erholung und nicht eine Erfahrung, die mich komplett ausknockte und mich alles hinterfragen ließ. Aber es sollte schon wieder mit einer Reise zu mir selbst beginnen. Eine Reise, die es in sich hatte. Das Leben hatte einen Plan für mich parat, der mich an meine Grenzen stoßen ließ – sowohl emotional als auch körperlich. Die Zeit war nervenraubend, aber auch augenöffnend. Ich habe so viel gelernt, wie noch nie zuvor in meinem Leben.

Dieses Land ist ein Garant für mich, dass alles anders und viel heftiger verläuft als erwartet.

Nachdem ich einige Kapitel dieses Buches in einem wunderbaren Flow in Chiang Mai geschrieben hatte, verzog ich mich in den Süden Thailands. Ich dachte, das Buch wäre fertig. Doch das war ein riesiger Irrtum, denn der intensivste und wichtigste Prozess seit Langem wartete erst noch auf mich. Ich reiste nach Koh Phangan, um hier einfach nur zu entspannen und im Paradies ein paar schöne Tage oder auch Wochen zu verbringen. So sah jedenfalls mein Plan aus.

Da war ich nun auf Koh Phangan und freute mich darauf, eine Freundin in Sri Thanu, einem kleinen Ort auf der Insel, zu besuchen. Sie machte zu dem Zeitpunkt eine Ausbildung zur Yogalehrerin, die sie innerhalb kürzester Zeit veränderte und heilte. Ich wurde natürlich neugierig und wollte diese Yogaschule auch ausprobieren. Ich nahm an nur drei Klassen teil und das Resultat war die Hölle. Also nicht die Klassen – die waren wunderbar und weckten etwas in mir, was noch am Schlummern war, sich aber nicht aktiv zeigte in den letzten Jahren. So war meine Wahrnehmung auf jeden Fall zu diesem Zeitpunkt.

Ich genoss die Klassen sehr. Sie waren intensiv und reinigend. Doch nach nur zwei Klassen kamen Gedanken in mir hoch, die ich schon lange vergraben hatte. Und genau das war der Punkt: Ich hatte sie vergraben.

Es fing ganz harmlos mit Selbstzweifeln an, die dann aber immer intensiver wurden. Selbstzweifel wie: „Warum mögen meine Freunde mich überhaupt?", „Was fanden Ex-Freunde an mir", „Ich bin einfach nicht gut genug". Plötzlich bekam ich Angst vor meinem Weg, der mir ziemlich klar zu sein schien. „Kann ich das, was ich mache, wirklich oder ist es nur eine Illusion?" Die Selbstzweifel nahmen Überhand und wurden immer lauter. Ich entschied mich dazu, erstmal keine weitere Klasse zu besuchen. Denn ich wollte auch zu viel Menschenkontakt vermeiden. Mit einem Mal fühlte ich mich nicht mehr wohl in meiner Haut. Ich fühlte mich seltsam: Eigentlich war doch alles wunderbar – so, wie es war. Eigentlich entwickelte sich für mich alles fast schon magisch in den letzten Jahren. – Also, was soll das bitte jetzt?

Ab diesem Zeitraum fing ich auch an, viel zu träumen. Jedes Mal waren Flugzeuge involviert und spiegelten mein aktuelles Innenleben wider.

Ich bin am Flughafen in einem fremden Land. Es fühlt sich seltsam an. Ich soll in ein Flugzeug steigen, in das ich nicht einsteigen möchte. Minuten zuvor beobachte ich, wie ein Flugzeug von derselben Airline abstürzt. Ich sehe, wie das Flugzeug in der Mitte durchbricht und der vordere Teil anfängt, sich um seine eigene Achse zu drehen. Dann stürzt es in die Tiefe.

Nun stehe ich da und will nicht fliegen. Eine gute Freundin von mir geht an die Bar und holt mir ein Schnapsglas mit hochprozentigem Alkohol und sagt mir, dass ich es trinken soll und dann in das Flugzeug steigen soll. Ich weigere mich. Ich möchte es nicht trinken und auch nicht fliegen.

Dann wurde ich wach.

Von da an wurden meine Albträume immer stärker. Sie ließen mich nicht mehr los. Träume von Flugzeugabstürzen häuften sich und wurden immer intensiver. Gleichzeitig wuchs meine Angst, nicht gut genug zu sein und nicht akzeptiert zu werden.

Ich traf mich dann mit meiner Freundin und erzählte ihr, dass ich am nächsten Morgen diesen Ort verlassen würde, um weiter zu erkunden, was die Insel zu bieten hätte. Ich ging schlafen und in dieser Nacht träumte ich wieder sehr intensiv.

Schon wieder sitze in einem Flugzeug. Diesmal war's ein Flugzeug einer großen deutschen Fluggesellschaft. Ich schaue aus dem Fenster und beobachte zwei Kampfjets, die versuchen, das Flugzeug zu Fall zu bringen. Im Innern wird es sehr unruhig. Bevor aber Panik ausbricht, finde ich mich plötzlich an einem anderen Ort wieder. Ich sehe mich in einer Großstadt stehen. Ich beobachte, wie genau das Flugzeug, in dem ich gerade noch saß, abstürzt. Es fällt in die Tiefe und versucht sich noch, an einem Wolkenkratzer zu halten. Für einen kurzen Moment sieht es so aus, als ob es dem Flugzeug gelingen könnte. Doch es ist nicht stark genug und stürzt in die Tiefe.

Und schon wieder schreckte ich aus dem Schlaf auf. Was hatten diese Träume nur zu bedeuten?

Das Paradies auf Koh Phangan

Nach diesen aufwühlenden Erlebnissen beschloss ich, Sri Thanu zu verlassen. Dabei vertraute ich meinem Gefühl, das mir schon seit eineinhalb Jahren sagte, dass ich das „Sanctuary Thailand" besuchen sollte. Dieses Gebiet auf Koh Phangan soll das Paradies auf Erden sein, hieß es. Man kann es nur mit dem Boot erreichen, es befindet sich im Dschungel und ist ein Zuhause für Hippies und Reisende.

Ich plante, am nächsten Morgen aufzubrechen und fuhr ins Zentrum der Insel, um dort einen Abend zu verbringen und am nächsten Morgen das Boot zu nehmen. Den Abend verbrachte ich auf dem Food Market mit einer großen Portion Pad Thai und Mango Sticky Rice. Ich setzte mich intuitiv zu einem Fremden, der mir auf Anhieb sympathisch war.

Er hieß Marcus und war Brite. Seit über zehn Jahren lebte er in Thailand, aber erst seit einem Jahr auf der Insel. Als ich ihm von meinen Plänen erzählte, fingen seine Augen an zu leuchten. Er kannte den Strand und die beiden benachbarten Strände nur allzu gut. Er hatte dort selbst sehr viel Zeit verbracht. Die Monate an diesem Strandabschnitt war die beste Zeit seines Lebens, erzählte er.

Und wenn dir ein etwa 60-jähriger Hippie so etwas sagt, dann soll das auch etwas heißen! Er fing an, in Erinnerungen zu schwelgen und seine Worte klangen fast so, als ob er das geheime Paradies auf Erden für sich entdeckt hatte. Er hatte tolle Menschen dort kennengelernt und die besten Partys seines Lebens gefeiert. Nach einigen Monaten aber war er geflüchtet. Die Zeit dort war ihm doch zu intensiv. Mit einem Mal hatte er das Gefühl, zurück in die „Realität“ zu müssen.

Seine Worte und sein Gesichtsausdruck machten mich neugierig. Wer weiß, warum mein Gefühl versucht, mich seit so langer Zeit dorthin zu führen?

Als wir uns verabschiedeten, schaute er mir tief in die Augen und sagte „Du wirst dort bleiben. Ich kann es fühlen.“ – Wie er das wohl meinte?

Am nächsten Morgen nahm ich das Boot von Haad Rin in Richtung „Paradies“ und ich war mehr als aufgeregt auf dem Weg dorthin. Ich wusste, dass es richtig war, weil ich mich auf mein Bauchgefühl verlassen konnte. Doch was würde mich dort erwarten? Geplant hatte ich nichts, außer zweimal am Tag Yoga zu machen. Ich wollte keine Partys, keine Arbeit – einfach nur entspannen und Yoga auf mich wirken lassen.

Da war ich nun also im Paradies. Doch mein erster Gedanke war es zu flüchten. Es war wunderschön hier, keine Frage. Doch irgendetwas in mir wollte nicht, dass ich hier bin. Es wollte, dass ich flüchte und mich stattdessen irgendwo aufhalte, wo es komfortabler für mich war.

Zu allem Überfluss bekam ich auch nicht den Bungalow, den ich wollte, nämlich einen am Strand. Nein, da man im Leben immer das kriegt, was man braucht, bekam ich stattdessen den, der am weitesten außerhalb lag. Nicht am Strand, sondern oben auf dem Hügel mitten im Dschungel. Nachts hörte ich also nicht das Meeresrauschen, sondern die Geräusche des Dschungels und tat kein Auge zu. Ich hatte Angst. Außerdem machte ich mir große Sorgen, dass ich noch einmal das Denguefieber bekommen könnte, ich hatte es vor einiger Zeit schon einmal. Zu alledem kamen noch die Skorpione und Cobras, die die ganze Situation nicht einfacher machten. Ich war eben im Dschungel. Aber wenn man von klein auf eine Schlangenphobie hatte, dann kann das schon zu einer großen Herausforderung werden…

Statt zu schlafen, malte ich mir zig verschiedene Szenerien aus, wie ich hier sterben könnte. Mich überkam tatsächlich das Gefühl, dass dies hier mein Ende sein könnte. Und dieses Gefühl ließ mich nicht los. Hatte ich etwa das Gefühl, ins Sanctuary kommen zu müssen, um dann hier zu sterben?

Auch zuvor hatte ich Momente, in denen ich Todesangst verspürt hatte. Nachdem ich immer wieder von Flugzeugabstürzen geträumt hatte, bekam ich auch Angst vor dem Fliegen. Das Gefühl wurde immer intensiver und nahm überhand. Und wie es in so einer Situation nicht anders sein kann, biss mich in der ersten Nacht eine Spinne, die unangenehme Symptome hinterließ. Plötzlich kamen zu meiner Angst noch Kopfschmerzen, Schwindel, Fieber und Durchfall hinzu. Klopfte der Tod tatsächlich an meine Bungalowtür?

Oder klopfte da eher ein anderer Teil von mir, um mir zu zeigen, wie stark er noch war?

Da war ich nun im Dschungel und die Selbstzweifel verwandelten sich in Todesangst. Nicht die beste Entwicklung, dachte ich mir erst. Dennoch – tief in mir drinnen wusste ich die ganze Zeit, dass ich hier richtig war.

Nur Tage zuvor wurde mir mitgeteilt, dass meine Lebensreise der eines Schmetterlings gleicht. Ich befand mich seit Jahren in einem konstanten Prozess, wie so viele andere Menschen auch. In diesem Prozess geht es darum, das Alte hinter sich zu lassen. Hässlichen und schweren Ballast abzulegen und wie ein Schmetterling voller Leichtigkeit und Schönheit davonzufliegen. Der Schmetterling ist der Meister der Metamorphose. Hinter seiner Transformation steht ein langer und aufwändiger Entwicklungsprozess. Der Schmetterling geht durch mehrere Transformationen: Vom Ei zur Raupe – dabei finden vier Häutungen statt, bis das letzte Raupenstadium erreicht ist. Danach wandelt sich die Raupe zur Puppe, bis nach etwa zwei Wochen der Schmetterling schlüpft. Wen also das Krafttier Schmetterling begleitet, der befindet sich im Wandel. Persönliche Ansichten verändern sich plötzlich, alte Gewohnheiten werden abgelegt und das Leben geht in eine ungeahnte Richtung…

Allen Ängsten zum Trotz blieb ich und verabredete mich mit drei anderen Mädels zum Abendessen. Ich machte mich etwas zurecht, hatte aber kaum Energie. Ich schaffte es nur bis zum Strand, den Berg konnte ich nicht mehr hochlaufen. Aber dort wäre unser Treffpunkt gewesen… Stattdessen folgte ich meiner Intuition und setzte mich neben einen Mann, den ich bislang gar nicht kannte. Aus irgendeinem Grund aber hatte ich das Gefühl, dass ich dort sitzen sollte. Der Mann sah mir an, wie schlecht es mir ging. Er selbst hatte dieselben Symptome eine Woche zuvor und gab mir Elektrolytpulver. Vielleicht hatte ich mich ja zu ihm gesetzt in dem unbewussten Wissen, dass er mir helfen würde? So erzählte ich ihm sogar von meinen Träumen und meiner Vermutung, was dahinterstecken könnte. Das tat mir gut. Danach schleppte ich mich zurück zu meinem Bungalow. Als ich dann im Bett lag, entschied ich mich dazu, das Gefühl zu akzeptieren und richtig in die Emotionen einzutauchen. Nachdem ich auf körperlicher und emotionaler Ebene zu kämpfen hatte, blieb mir eh nichts anderes mehr übrig. Die andere Option wäre, die Flucht zu ergreifen, was sich aber falsch anfühlte. Ich war mir ganz sicher, es aussitzen und dieses Gefühl zu meinem besten Freund machen zu müssen. Oder es wenigstens zu akzeptieren und dadurch verabschieden zu können.

In dieser Nacht träumte ich wieder sehr intensiv.

Ich sitze mit einer guten Freundin im Flugzeug. Das Flugzeug rollt auf die Startbahn und ist dabei abzuheben. Das Flugzeug hebt aber sehr steil ab – fast schon senkrecht. Wir befinden uns in einer Art Tunnel und werden einfach nach oben katapultiert. Das Flugzeug kommt plötzlich ins Stocken und hat Probleme, die Kraft aufzubringen weiter nach oben zu fliegen. Es fühlt sich an wie ein Auto, das man versucht in einem zu hohen Gang bergauf zu fahren. Das Flugzeug droht wieder abzustürzen. Meine Freundin bekommt Angst, ich beruhige sie aber, da ich aus irgendeinem Grund weiß, dass alles gut ausgehen wird. Plötzlich hat das Flugzeug wieder seinen Antrieb zurück und weiß, wie es zu fliegen hat und fliegt sicher weiter.

Dann wurde ich wach. Ich fing allmählich an zu verstehen, worum es hier in den letzten Wochen ging. Was die Angst, Panik, meine Träume und Erfahrungen versuchten mir mitzuteilen.

Ein Teil in mir wollte keine Veränderungen zulassen. Er kämpfte und kämpfte. Er wollte überleben und Teil meines Lebens bleiben. Das ist normal. Wer möchte schon von jetzt auf gleich einfach so ausgelöscht werden? Alte Muster, die mich formten, die mein Leben schwer machten, wollten bestehen bleiben. Sie befanden sich also im Überlebenskampf.

Doch waren das alles Zeichen dafür, dass ich diesen Teil von mir aufgeben und mit meinem wahren Ich verschmelzen sollte. Es dauerte, bis ich das verstanden hatte, da es sich in sehr unangenehmer Weise zeigte. In sehr schmerzender und fordernder Weise. Ich hatte die Wahl, hinzuschauen und tiefer einzutauchen, das Gefühl zu akzeptieren oder davonzurennen und auf demselben Stand zu bleiben, auf dem ich schon war. Die Chance auf Wachstum war aber einfach zu groß. Und ich habe mich in diesem Moment für das Wachstum entschieden, auch wenn dies selten sanft und freundlich daherkam.

Marcus, der Brite, hatte also recht, indem er sagte, dass ich dortbleiben würde. Nur wusste ich in dem Moment nicht, dass es verschiedene Möglichkeiten gab, dies zu interpretieren. Letzten Endes blieb der Teil von mir dort, der mich an meinem Wachstum hindern wollte.

„Das Ego ist ein Geist, der Angst hat zu sterben."

— Mooji

Denn während meines Aufenthalts wurde ich mit vielen Ängsten konfrontiert. Die Stimme in meinem Kopf war so aktiv, wie schon lange nicht mehr. Es fühlte sich an, wie ein Kampf zwischen meinem wahren Ich und meinen Ängsten. Mir wurde bewusst, wie schwer sie mir mein Leben machten und dass es an der Zeit war, sich von ihnen zu verabschieden. Denn letztendlich sind diese Ängste nur so real, wie ich es glaube.

Viel zu oft stehen wir uns einfach selbst im Weg. Wir versperren uns selbst die Sicht und beschweren uns dann, dass wir nicht wissen, was wir wollen und nicht klar sehen können. Es sind aber nicht die Umstände oder fehlendes Talent, die uns ein Leben ohne Leidenshaft bescheren. Es ist einfach nur der Fakt, dass wir nicht mit uns selbst verbunden sind. Wir haben die Verbindung zu unserer Mitte verloren. Wir wissen nicht mehr, wer wir sind, weil der Teil in uns, der Altes festhalten will, über unser Leben bestimmt.

Manchmal erahnen wir, wer wir sind und was wir wollen. Doch dann bekommen wir Angst und schrecken zurück. Zu groß ist die Furcht davor, dass unser Potenzial noch größer sein könnte, als wir es jemals erahnt hätten. Und die Angst vor unserer eigenen Größe hält uns klein und lässt uns nicht sehen und spüren, was das Leben für uns bereithält.

Aber genau durch diese Angst müssen wir hindurch, wenn wir an den Ort wollen, an dem unser wahres Ich, unsere Leidenschaft und unser Glück schlummern.

Atme dich frei or what?

Koh Phangan (Thailand), Mai 2016

Während ich auf der Insel war, sah ich einen Flyer für einen Workshop, der sich *Rebirthing* nannte. Es klang sehr interessant und fand in derselben Yogaschule statt, die ich ein paar Wochen zuvor besuchte, bevor ich in den Dschungel flüchtete. So entschied mich dazu, das Paradies zu verlassen und an dem fünftägigen Rebirthing Workshop teilzunehmen. Was mich dort genau erwarten würde, wusste ich zum Glück nicht. Hätte ich vorher gewusst, wie herausfordernd es werden würde, dann hätte ich mich niemals darauf eingelassen.

Da war ich nun an einem Montagmorgen mit 25 anderen Teilnehmern in einer Yogahalle auf Koh Phangan. Wir alle saßen im Kreis, stellten uns kurz vor und direkt danach ging es in die Tiefe, um mit den anderen eine Verbindung aufzubauen. In der Übung am Vormittag ging es um Psychologie und das Erkunden unserer Begrenzungen und Traumata. Am Nachmittag gab es die erste Atemübung, die etwa eine Stunde dauerte und in mir nichts, außer Müdigkeit auslöste. Ich muss auch ehrlich gestehen, dass mir erst bei Kursbeginn klar wurde, dass es bei diesem Workshop um *Breathwork*, also um Atemtechniken ging. Also versuchte ich mich frei zu atmen, aber es gelang mir nicht wirklich.

Der nächste Tag sah dann aber schon etwas anders aus. Während ich aktiv ein- und ausatmete, fing ich plötzlich an zu krampfen. Ich spürte auf einmal die Energie in meinem ganzen Körper. Meine Lippen, Hände und Füße waren verkrampft und mein ganzer Körper kribbelte vor Energie.

Aber es beunruhigte mich nicht, uns wurde vorher genau erklärt, was alles passieren kann.

Ich war noch eine ganze Weile high, auch als ich wieder anfing, ganz normal zu atmen. Es dauerte bestimmt eine halbe Stunde, bis ich wieder komplett in dieser Welt und in meinem Körper ankam.

Die göttliche Stimme

Was in den darauffolgenden Tagen geschah, lässt sich kaum in Worte fassen. Ich werde es aber dennoch versuchen.

Da lag ich wieder auf der Matte mit einem Kissen unter meinem Kopf und atmete tief und lang ein und kurz und entspannt aus. Nach kurzer Zeit spürte ich wieder die Energie durch meinen Körper fließen. Es kribbelte, meine Hände und Lippen fingen an zu krampfen. Und dann fing ich einfach an zu weinen. Ich war nicht traurig, es waren einfach Tränen, die durch das Loslassen entstanden sind. Nach und nach kam ich in einen leichten Zustand, der mich meinen Körper vergessen ließ. Ich war woanders. Irgendwo voller Leichtigkeit und Liebe. Ich sah ein Auge, das mächtig auf mich wirkte. Ich hörte eine Stimme, die mir sagte, dass alles Liebe sei und alles miteinander verbunden sei. Ich spürte, dass diese Stimme von Gott kam. Ich weiß, dass viele nicht an Gott oder eine höhere Macht glauben. Doch seit diesem Moment weiß ich für mich, dass es eine Kraft gibt, die über uns wacht und viel mächtiger und sanfter ist, als ich es mir jemals hätte vorstellen können. Es ist egal, ob man sie als Energie, als das Universum oder als Gott bezeichnet – da ist etwas, das aus purer Liebe besteht, das uns unseren Weg zeigen möchte. Es steckt in jedem von uns. Und diese Erfahrung wird jedem eröffnet, der bereit ist, seine alten Muster und Begrenzungen hinter sich zu lassen.

Alles verändert sich ab diesem Moment. Du öffnest eine Tür, die du nicht mehr schließen kannst und auch nicht möchtest.

Mir wurde klar: Wir alle sind miteinander verbunden, ob wir es wollen oder nicht. Egal, was jeder von uns tut, es hat einen unmittelbaren Einfluss auf andere. Nicht aus Liebe zu handeln ist also rücksichtslos. Klingt alles natürlich einfacher, als es manchmal ist. Dennoch sollten wir jedes Mal, wenn wir etwas tun, darüber nachdenken, ob dieses Handeln bei anderen und uns selbst etwas Gutes bewirkt oder ob es schadet.

Die darauffolgenden Stunden war ich high und konnte nicht in meinen Verstand zurückkehren. Ein Teil von mir lag noch auf der Matte, doch ich war schon woanders und war einfach nur ich. Ich – ohne Muster oder Begrenzungen. Es fühlte sich einfach unglaublich an. Es fühlte sich so an, als ob ich eine ganz wichtige Sache verstanden hätte.

Zurück in meinem Zimmer konnte ich die ganze Nacht nicht schlafen, da ich voller Liebe und Energie war. Ich war so glücklich, doch mein Verstand konnte nicht so wirklich greifen, was da passiert war. Ich wusste plötzlich, dass all die Menschen recht hatten, die sagten: Alles ist Liebe. Ich kannte diese Aussage aus vielen Büchern, Artikeln und auch anderen Kunstformen. Aber es war für mich schwer zu begreifen, bis ich es selbst erlebt habe.

Ab diesem Moment hat sich vieles für mich verändert. Doch leicht wurde der Weg nicht. Ich war noch sensibler und empfänglicher als zuvor. Ein tolles, aber zum Teil auch herausforderndes Gefühl. Ich kann Menschen einfacher spüren, ihre Emotionen und ihre Frequenz. Ich fühle also, ob sie hoch schwingen und voller Liebe sind, dankbar und optimistisch sind oder voller Zweifel, Scham und Ärger. Auch andere Dinge, die ich vorher nicht wahrnehmen konnte, wurden mir plötzlich ersichtlich. Es fühlte sich fast so an, als ob ich in eine andere Dimension katapultiert wurde. Anders kann ich dieses Gefühl gar nicht beschreiben.

Wo ist mein unbeschreibliches Gefühl hin?

Nachdem ich die erste Woche hinter mir hatte, entschied ich mich dazu, noch zwei Wochen weiterzumachen. Ein Teil von mir versuchte mir einzureden, dass es zu anstrengend sei und ich ja so ungern den Wecker stelle. Doch mein Gefühl weiß einfach besser, was gut für mich ist und was nicht. Also ging es am Montag in die nächste Runde.

In den ersten Tagen der zweiten Woche hatte ich erst das Gefühl, diesen Kurs doch nicht nötig zu haben. Eigentlich ging es mir ja gut! Nach und nach gingen mir auch die Probleme anderer auf die Nerven. Ich konnte sie einfach nicht mehr nachvollziehen. Meiner Meinung nach war das Leben nur so kompliziert, wie wir es machten. So entwickelte ich eine Art Blockade, die auch in den nächsten Tagen in den Atemübungen nichts passieren ließ.

An dem letzten Tag der zweiten Woche haben wir unsere Geburt nochmal nachgespielt. Ja, tatsächlich! Wir haben uns eine Mutter und einen Vater in der Gruppe ausgesucht und sind unsere Geburt nochmal durchgegangen.

Wir haben alle gemeinsam einen Geburtskanal aus Kissen und Decken gebaut, durch den sich dann jeder langsam durchgezwängt hat. Am Ende warteten dann die freudigen, selbst auserwählten Eltern. Meine Geburt verlief recht emotional, da ich Tage zuvor von meiner Mutter erfahren hatte, dass meine Geburt sehr schwierig war. Sie lag 16 Stunden in den Wehen. Dazu bin ich sechs Wochen zu früh geboren. Meine Mutter sah mich erst ein oder zwei Tage nach der Geburt. Eine ziemlich traumatische Erfahrung für beide Seiten.

Abends dann war ich fix und fertig. Ich merkte, was wir vieles von unserer Geburt an mit uns herumtragen. Wie viele Emotionen abgespeichert sind, von denen wir absolut keine

Ahnung haben. Wenn man dann mal darüber nachdenkt, wie viele Informationen unser System über unser Leben aufnimmt, überrascht es keinen, dass viele von uns fremdbestimmt und ängstlich durchs Leben gehen.

Am nächsten Morgen war ich total kaputt – sowohl emotional als auch körperlich. Ich wusste nicht mehr, wer ich bin und musste einfach nur weinen. Ich fühlte mich so hilflos und traurig. Ich wusste nicht, was mit mir los war und was da passiert ist. Mir ging es vor dem Kurs und in der ersten Woche des Kurses wunderbar, und nach zwei Wochen war ich einfach nur ein emotionales Wrack. Es fühlte sich an wie ein Giftcocktail aus Trauer, Angst und Hilflosigkeit. Ich war so sensibel wie noch nie zuvor. Ich konnte Dinge wahrnehmen, von denen ich noch nicht mal wusste, dass sie existierten. Es war fast so, als ob ich die Nacht zuvor in ein neues Leben geschubst wurde, ohne irgendetwas zu wissen. Und nun sollte ich schauen, was ich daraus machte. So überlegte ich, den Kurs abzubrechen. Er schien mir einfach nicht mehr das Richtige zu sein.

Wer bin ich und was mache ich hier?

Also bat ich um Hilfe und bekam sie auch! Nipa, eine thailändische Freundin von mir und die beste Heilerin, die ich kenne, war für einen Monat zurück auf der Insel. Und ich wusste, dass sie mir helfen konnte. Noch am selben Wochenende besuchte ich sie. Mir ging es zwar schon seit einigen Stunden besser. Dennoch, ich brauchte jemanden außerhalb des Workshops, der mir sagte, dass dort nicht alles zu weit geht.

Nipa fühlte sich in mich hinein, schaute, was mit mir los war und war begeistert. Alles in mir war so in Balance wie noch nie zuvor. Alle meine Chakren waren ausgeglichen und offen. Sie sagte mir, dass der Prozess das Beste sei, was mir passieren konnte.

Ich brauchte eine Weile, um zu verstehen, was mir vorher gefehlt hat. – Mir ging es ja gut, als ich auf der Insel ankam. Aber es gibt eben Dinge, die der Verstand nicht greifen kann. Das akzeptierte ich jetzt einfach und entschied mich dazu, noch weiter in die Tiefe zu gehen.

In der darauffolgenden Woche wurde ich träge. Jedenfalls hatte ich den Eindruck. Trotzdem passierten viele Dinge, die ich erst nicht einordnen konnte. Es kam immer wieder vor, dass ich während des Atmens anfing zu zittern und meine Lippen blau anliefen. All das bei einer Hitze von 35 Grad!

Es wiederholte sich einige Male, bis mir eine der Teilnehmerinnen sagte, dass ich meine Geburt noch einmal erlebte. Zufälligerweise war es genau die Teilnehmerin, die ich eine Woche zuvor als meine Mutter auswählt hatte. Sie meinte, dass ich mich ganz genauso während meiner Geburt gefühlt hatte. Es machte auch absolut Sinn, wenn ich an das

Gespräch mit meiner Mutter dachte. All das erklärte aber auch sehr viele meiner Verhaltensmuster, in die ich immer wieder verfiel.

Ich wurde 1985 in Polen geboren, und zwar im Winter. Laut meiner Mutter war es unheimlich kalt im Krankenhaus. Nur der Raum für die Säuglinge wurde mit Kohle beheizt. Es war also tatsächlich verdammt kalt direkt nach meiner Geburt. Und statt zu meiner Mutter, ging es für mich direkt in den Brutkasten. Solche Dinge hinterlassen Spuren, die sich manchmal erst nach einer langen Zeit erklären lassen. Ich war jedenfalls sehr dankbar dafür, dass ich diesen ganzen Prozess nochmal durchleben durfte und danach in den Arm genommen wurde.

Ich bin stärker

In den nächsten Tagen zog ich in einen wunderschönen Bungalow direkt am See. Viel zu groß für mich allein, dennoch wollte ich darin wohnen.

Ich genoss meinen wunderschönen Außenbereich und meine offene Küche, die ebenfalls draußen war.

Da noch ein Zimmer frei war, kam an einem Nachmittag ein junger Mann vorbei, um sich den Bungalow einmal anzuschauen. Es war irgendwie merkwürdig. Er hinterließ bei mir keinen wirklichen Eindruck. Ich bemerkte nichts Positives und auch nichts Negatives an ihm. Einfach nur Leere.

Als er sich alles angeschaut hatte, fragte er mich, ob ich dort alleine wohne oder mit jemandem zusammen. Ohne mir etwas dabei zu denken, antwortete ich, dass ich in dem Bungalow ganz alleine wohnte. Dann ging er.

Am darauffolgenden Wochenende war Vollmond. Und Vollmond ist ja bekannt dafür, dass einige Menschen ein wenig abdrehen. An diesem Abend ging ich aber wie gewohnt zu einer Meditation, holte mir auf dem Rückweg noch etwas zu essen und legte mich irgendwann schlafen.

Doch mitten in der Nacht kam plötzlich ein sehr ungutes Gefühl in mir auf.

Wie vom Blitz getroffen saß ich mit einem Mal senkrecht im Bett und sah ein ganz klares Bild von genau diesem Mann vor mir. Und im selben Moment versuchte jemand meine Bungalowtür zu öffnen. Da wusste ich, wer es war. Ich stand also auf, machte das Licht an und griff zu meinem Handy. Doch ausgerechnet in dieser Nacht war mein Handy tot… Thailändischer Billigkabel sei Dank! ;-)

Ich versuchte Ruhe zu bewahren und setzte mich im Schneidersitz aufs Bett. Und da durchfuhr mich ein Gefühl der Sicherheit. Ich wusste, dass mir nichts passieren würde. Ich schloss kurz meine Augen und fragte in mich hinein: „Bin ich sicher?“ Dann öffnete ich meine Augen wieder.

Was dann passierte, lag vollkommen außerhalb meiner Vorstellungskraft. Das Licht in meinem Zimmer ging dreimal kurz aus und wieder an. Ich bekam Gänsehaut und war fasziniert und beruhigt zugleich. Da wusste ich, dass ich sicher war. Nichts konnte mir passieren!

Schlafen konnte ich die Nacht allerdings nicht mehr. Dennoch war diese Nacht eine der magischsten Momente meines Lebens. Ich wusste einfach, dass wir beschützt sind, viel mehr, als wir es uns vorstellen können. Wir sind nie allein und wir können jederzeit um Hilfe bitten.

In den nächsten zwei Wochen sah ich diesen Mann noch dreimal. Komischerweise hat es mich emotional rein gar nicht berührt oder aber aggressiv gestimmt. Er war mir einfach egal. Ich bemerkte, dass er und der Vorfall keinen Einfluss auf mein Gemüt hatten. Er hatte keine Macht über mich. Auch dieses Gefühl war neu für mich. Früher wäre ich ausgerastet oder hätte geweint, wenn ich die Person wiedergesehen hätte. Doch nun wusste ich, dass ich kein Opfer der Umstände war. Ich war stärker.

Alles ist perfekt, so wie es ist

Die letzte Woche des Workshops verbrachten wir zum Teil im Wasser. Dieselbe Atemtechnik, nur eben im kalten Wasser. Durch Wasser soll der ganze Prozess noch etwas beschleunigt und intensiviert werden. Dem kann ich auch ohne Weiteres zustimmen…

Ich lag im Wasser und atmete so intensiv, wie kein einziges Mal zuvor. So, als ob ich vorher gewusst hätte, dass sich da noch etwas lösen muss. Nach einer Weile fing ich wieder an zu zittern und verspürte eine extreme Kälte und Distanz. Ich fühlte mich allein und musste weinen. Nach einer Weile führte man mich zu einem Lagerfeuer. Dort umarmten mich ein paar Teilnehmer und nahmen mir so die Kälte. Seit diesem Moment ist mein Geburtstrauma verschwunden. All das passierte am vorletzten Tag des Workshops. Also noch rechtzeitig, um ohne diese Schwere wieder ins „normale Leben" zurückzukehren.

Am letzten Tag verspürte ich noch einmal das Gefühl von purer Liebe und Wärme. Alles war perfekt und leicht. Es war so schön, dass ich vor Freude nur weinen oder grinsen konnte. Das Leben war Perfektion. Mein letztes Rebirthing hätte also nicht besser verlaufen können.

Ich hatte alte und mir nicht guttuende Verbindungen aufgelöst und Vertrauen in mich und das Leben gefestigt. Ich hatte gespürt, dass wir alle hier auf diesem Planeten unterstützt werden und alle miteinander verbunden sind. Egal, was wir tun, es hat einen direkten Einfluss auf andere. Deswegen ist es auch so wichtig, mit Feingefühl und Rücksicht miteinander umzugehen.

Wir machen uns das Leben oft nur unnötig schwer die wahre Essenz so einfach ist.

Zu einfach für unseren Verstand.

Zu schön und zu leicht für unsere masochistische Seite, die gerne leiden möchte.

Zu simpel für einen Teil von uns, der immer nach Herausforderungen sucht.

Dabei kann es so einfach sein – und so wunderschön!

Ähnliche Erfahrungen hat auch jeder gemacht, der bereit dazu war, seine alten Muster und Verletzungen hinter sich zu lassen. Alles verändert sich ab diesem Zeitpunkt. Wirklich alles. Du öffnest eine Tür, die du nicht mehr schließen kannst. Du hast etwas sehr Wichtiges verstanden, das dir keiner mehr nehmen kann. Es fühlte sich einfach unglaublich an. Alles wurde so viel intensiver.

Meine Wahrnehmung wurde geschärft, und ich habe auf einmal verstanden, wer ich bin.

Ich bin also neugeboren

Nach vier Wochen verließ ich nun diese wunderschöne Blase voller Liebe und Geborgenheit. Ich fühlte mich erwachsener und gleichzeitig auch leichter.

Das Leben war wunderschön und voller Geheimnisse.

Zum Abschluss wurde uns von unserer Lehrerin Chandra gesagt, dass die zweite Woche nach dem Rebirthing etwas schwierig werden könnte. Und so war es dann auch… Wobei schwierig gar kein Ausdruck dafür war, was dann mit mir passierte…

Denn mein Körper fing an, sich zu entgiften und alte Erkrankungen, die früher immer wieder auftauchten, kamen plötzlich hoch. Ich hatte Fieber, Magendarmbeschwerden und meine Mandeln waren angeschwollen. Auch mental tappte ich wieder in alte Muster, die ich eigentlich ablegen wollte.

Ein Rebirthing soll angeblich so sein wie die Homöopathie. Nach der Einnahme verschlimmern sich die Symptome, bevor es einem dann endlich besser geht. So hieß es also, die Dinge anzunehmen, wie sie kamen, doch anders mit ihnen umzugehen als zuvor. Ich verstand, warum ich genau diese Probleme hatte und nahm sie an, damit sie wieder gehen konnten. Plötzlich verstand ich auch, dass diese Krankheiten von mir selbst hervorgerufen wurden. Jedes einzelne Mal. Es fiel mir im ersten Moment schwer, diese Tatsache zu akzeptieren, da sich ja niemand Krankheiten wünscht – jedenfalls nicht bewusst. Als mir aber klar wurde, dass es mein Schrei nach Liebe und Aufmerksamkeit war, tat dies erstmal weh. Doch nach einer Weile fühlte ich eine gewisse Erleichterung. Denn es lag in meiner Hand und ich hatte die Macht, darüber zu entscheiden.

Goodbye Thailand

Penang (Malaysia), Juni 2016

Die ersten Tage nach dem Rebirthing fühlte ich mich zunächst einfach glücklich. Ich fühlte mich so leicht, als ob ich fliegen könnte. Wenigstens für ein paar Tage. Wie man ja so schön sagt, kommt nach dem Höhenflug der Fall. Dass ich aber so tief fallen würde, hätte ich niemals für möglich gehalten.

Eine Woche nachdem der Kurs beendet war, bekam ich Fieber, das ein paar Tage anhielt, mich aber nicht weiter beunruhigte. Ich plante dennoch, meine Ausreise aus Thailand flott durchzuziehen, da ich mal wieder mein Visum überzogen hatte. Ich entschied mich dazu, einen kurzen Abstecher nach Krabi zu machen, bevor es weiter nach Penang in Malaysia ging.

In Penang angekommen, bekam ich schon wieder hohes Fieber und das machte mir diesmal wirklich etwas Angst. Über mehrere Tage hinweg fieberte ich mit knapp 40 Grad, was auch dazu führte, dass ich nur noch im Bett lag und nichts essen konnte. Als ich eines Nachts ins Bad und danach in die Küche ging, um etwas zu trinken, wurde mir schlecht und ich fühlte ein extremes Ziehen im Kopf. Kurz darauf kollabierte ich. Zum Glück entdeckte mich jemand aus dem Guest House und ich kam wieder zu Sinnen. Am folgenden Tag fuhr ich dann ins Krankenhaus und bekam Antibiotika. Ich bin kein Fan von Pillen, doch wurde mir die Situation einfach zu heikel. Mit meinen Pillen in der Tasche fuhr ich wieder zurück ins Guest House. Obwohl mir geraten wurde, besser im Krankenhaus zu bleiben. Innerhalb der nächsten Stunden verschlimmerte sich mein Zustand dann aber doch so sehr, dass ich kurzerhand schon wieder im Taxi Richtung Krankenhaus saß. Diesmal ausgerüstet mit Klamotten für einige Tage. Noch in der Nacht wurde ich stationär aufgenommen. Ich wurde an einen Tropf angeschlossen und bekam noch einmal Antibiotika.

Am nächsten Morgen brachte mir die Ärztin meine Blutwerte. Sie waren einwandfrei, es ging auch etwas besser und das Fieber war gesunken. Doch keiner wusste, was mir fehlte. Hatte vielleicht der vierwöchige Workshop diesen intensiven Reinigungsprozess in meinem Körper hervorgerufen? Wer weiß? Es konnte viele Gründe geben….

Schon am nächsten Tag wurde ich wieder aus dem Krankenhaus entlassen. Mein Fieber war gesunken und es gab keinen Grund mehr, mich dort zu behalten. Mehr als happy verließ ich das Krankenhaus, doch merkte ich bald, dass ich alles andere als fit war. Am selben Tag zog ich vom Guest House in ein Hotel. Ich sehnte mich nach einem größeren und helleren Zimmer. Doch nur wenige Stunden später stieg das Fieber wieder an und erreichte seinen Höhepunkt am Abend.

Und nun passiert, was ich schon in meinem Prolog beschrieben habe. In dem Moment, in dem ich mich dazu entscheide, in meine Macht zu treten und mit etwas viel Größerem in Verbindung zu treten, ist auch mein Fieber weg. Endgültig.

Das Leben kann verrückt sein, herausfordernd und einer Achterbahnfahrt gleichen. Es ist aber auch voller Magie und Schönheit.

All diejenigen, die dem Leben vertrauen und sich dem Unerwarteten öffnen, können Erfahrungen machen und Erkenntnisse erlangen, die außerhalb jeglicher Vorstellungskraft liegen.

Evelin Chudak

Altes zerbricht und setzt sich neu zusammen

Bad Meinberg, Juli 2016

Ich bin zurück aus Asien und fühle mich in Deutschland fremder denn je. Alles hier scheint so schwer zu sein und irgendwie falsch. Geplant hatte ich, etwa sechs Wochen in Deutschland zu bleiben, danach sollte es auf unbestimmte Zeit nach Bali gehen. Ich habe mir das alles etwas anders vorgestellt, aber nun bin ich wieder hier und einfach nur kaputt und völlig durch den Wind.

Was ist da in Thailand und Malaysia nur mit mir passiert? Ich fühle mich so fremd und überemotional. Warum habe ich nur an diesem Workshop teilgenommen? Meine Gedanken kreisen nur darum. Ich will mich einfach wieder so fühlen wie vorher.

Doch es scheint so, als ob mir diese ganze Leichtigkeit abhandengekommen wäre. Als ob mein leichtes und frisches Ich gegen ein schweres und mir unbekanntes Ich ausgetauscht wurde. Habe ich mich da auf etwas eingelassen, dem ich nicht gewachsen war? Meine Gedanken, aber auch meine geschärften Sinne machen mich fast wahnsinnig.

So entscheide ich mich, für ein Wochenende nach Berlin zu fahren, um Freunde zu besuchen und auf andere Gedanken zu kommen. Etwas Spaß und Abwechslung können ja nie schaden! Doch dann entscheide ich mich spontan um. Bin ich denn vollkommen wahnsinnig zu glauben, dass ausgerechnet eine Großstadt jetzt das Richtige für mich ist? Und so buche kurzfristig einen Aufenthalt mit Workshop im Yoga Vidya Center in Bad Meinberg. Natur, Yoga und gesundes Essen sollten jetzt das Beste für mich sein.

Also geht es los nach Bad Meinberg. In meinem Workshop wird es um Selbstheilung durch Yoga und Meditation gehen. Ich habe mich einfach intuitiv dafür entschieden, obwohl noch zig andere interessante Kurse angeboten wurden, die auch nicht weniger passend gewesen wären.

Geklickt, gebucht und eine Stunde später bin ich schon losgefahren. Schon ein paar Minuten nach der Ankunft geht es mir besser. Ich fühle mich leichter und geordneter. Genau das, was mir innerlich fehlte. Ich erzähle der Kursleiterin, was mit mir gerade los ist und fange an zu weinen. Sie erklärt mir, dass der Prozess noch nicht abgeschlossen sei und ich geduldig und entspannt bleiben soll. Das, was gerade mit mir geschieht, soll ich als Geschenk annehmen, ohne es zu verurteilen. Es ist, was es ist, und bringt letztlich das nötige Resultat mit sich.

Gut, mein Körper und Geist reinigen sich also… Und das ist keine angenehme Geschichte, das kann ich dir sagen.

Als ich dann abends in meinem Mehrbettzimmer war, lerne ich Sabine aus Berlin kennen. Sie kann mich gut verstehen, sie selbst hat durch Kundalini Yoga einen ähnlichen Prozess hinter sich. Nichts ist mehr, wie es war. Es ist ironischerweise tatsächlich eine Art *Rebirthing*. Man wird neugeboren und scheint nicht mehr in die alte Welt zu passen. Die Wahrnehmung verändert sich zum Teil so extrem, dass man glaubt, verrückt zu sein. Die Intuition ist geschärft, womit man erst einmal umgehen muss, um ihr auch hundertprozentiges Vertrauen zu schenken.

Ich wünsche mir mein altes Ich zurück, doch es ist nicht mehr da. Ich habe eine Tür geöffnet, die ich nicht mehr schließen kann. Ob ich sie wirklich wieder schließen will, weiß ich nicht. Ich habe nur Angst, dass ich nicht mehr in meinen vorherigen Zustand voller Leichtigkeit komme.

Nichts ist mehr, wie es war

Ich fühle mich, als ob ich in einer anderen Realität angekommen wäre. Ich nehme Dinge wahr, die ich vorher nicht wahrnehmen konnte. Mein innerer Schmerz und meine Wunden sind mir ersichtlich, was mir das Leben gerade erschwert. Und das Loslassen von alten Gewohnheiten und Wunden ist nicht einfach. Mir wurde gesagt, dass so ein Prozess wie bei einem Entzug ablaufen kann, da sich etwas in mir gegen Veränderungen wehrt.

Meine Wahrheit wird mir immer ersichtlicher. Alles, was nicht echt ist, fühlt sich schwer und schlimmer an, denn je. Es funktioniert nur noch das, was wirklich zu mir gehört und alles andere verlässt allmählich mein Leben. Es wird aufgeräumt und Platz für das geschaffen, was wirklich zählt und wichtig ist. Da ist einfach kein Raum mehr für Halbherziges und Unehrliches.

Alles schreit nach Veränderungen. Doch bin ich den Veränderungen gewachsen? Und wozu die Veränderungen, wenn doch alles sich schon so fantastisch anfühlte?

Ich bin erwachsen und fühle mich an vielen Tagen schwer und nicht mehr wie die Person, die ich vorher war. Ich fühle aber auch, dass sich vieles noch einpendelt und seine Zeit braucht. Dennoch werde ich in manchen Momenten ungeduldig und frage mich, warum ich mir den ganzen Prozess angetan hab. Wozu soll das alles gut sein?

Wie Phönix aus der Asche

Sprockhövel, August 2016

Es ist der 19. August und der Vollmond steht in seiner vollen Präsenz am Himmel. Meistens schlafe ich unruhig oder kurz während des Vollmonds. Was aber diese Nacht geschieht, gleicht purer Magie.

Die letzten Wochen sind für mich recht schwer und relativ freudlos verlaufen. Noch immer hatte ich an meiner Thailanderfahrung zu knacken und das hat sichtliche Spuren hinterlassen.

Ich habe älter ausgesehen und mich traurig und schwer gefühlt. Ich habe nur gehofft, dass diese Achterbahnfahrt eines Tages Sinn ergeben würde und ich lachend zurückblicken und sagen würde: „What a ride“.

In dieser Nacht nun wache ich um vier Uhr morgens auf. Ich sehe einen Phönix vor mir und höre eine Stimme, die mir sagt „You will rise like a phoenix“. Ich sitze abrupt senkrecht im Bett und kann kein Auge mehr zutun. Plötzlich bin ich voller Energie und Tatendrang. Ich stehe auf und gehe in die Küche. Mich überkommt ein Glücksgefühl, das ich sehr lange nicht mehr gespürt habe. Ich kann gar nicht glauben, was da gerade mit mir geschieht.

Ich recherchiere im Internet unter Phönix. Denn bisher habe ich mich noch nie mit diesem Vogel beschäftigt.

Ich finde heraus, dass der Phönix kein normaler Vogel ist. Im Christentum symbolisiert er die Auferstehung. Er soll bei Sonnenaufgang verbrannt und aus seiner Asche wieder als Vogeljunges auferstanden sein. Viele kennen die Redewendung „Wie Phönix aus der Asche auferstehen". Sie steht dafür, dass etwas, was verloren schien, wieder zu neuem Leben erwacht. Die Schamanen glauben, dass der Phönix Reinigung ins Leben bringt, wenn er plötzlich als Krafttier auftaucht. Dann ist es an der Zeit, sich von altem Ballast zu lösen, der Vergangenheit nicht nachzutrauern und einfach loszulassen. Der Phönix hilft bei der Transformation. Und alles, was traurig, ängstlich oder krankmacht, wird von ihm in das Feuer der Reinigung gegeben. Was gehen soll, das verbrennt im Feuer. Was bleiben soll, bleibt bestehen oder es verbrennt und steht stärker wieder auf.

Die Legende des Phönix besagt auch, dass man mit neuer Kraft und mit neuem Mut voranschreiten kann, nachdem man durchs Feuer gegangen ist. Mit Hilfe des Phönix gehen Menschen nach dieser außergewöhnlichen Transformation stärker, strahlender, mutiger und fröhlicher hervor, als je zuvor. Das Verbrennen des Alten kann verdammt schmerzhaft sein. Doch langfristig gesehen wäre es noch schmerzhafter, an Altem festzuhalten und keinen Wandel zuzulassen. Der Phönix steht mir also mit all seiner Macht zur Seite, jedoch muss ich dafür bereit sein, mit ihm durch das Feuer zu gehen. Wer etwas gewinnen möchte, muss etwas opfern. Wer geboren wird, wird auch sterben.

Wow! Ich kann kaum glauben, was ich hier erfahre. Der Rebirthing Workshop in Thailand stand ja auch wortwörtlich für eine Wiedergeburt. Ab diesem Moment weiß ich nun, dass alles gut werden wird und ich um einiges stärker den ganzen Prozess verlassen werde. Nein, ehrlich gesagt freue ich mich wie Bolle, dass ich nach zwei Monaten endlich wieder Kraft und Freude spüren kann. Doch in diesem Moment ist mir nicht klar, dass ich mich schon mitten in einer Transformation befinde und noch viele Überraschungen auf mich warten werden.

Wenn die Seele Heilung braucht... dann will sie nach Bali

Vor zwei Jahren fing es an, dass Bali immer wieder in meinem Unterbewusstsein auftauchte. Während Mediationen, Yoga, Spaziergängen und auch während des Rebirthings in Thailand kam Bali immer wieder in mir hoch. Zu dem Zeitpunkt hatte ich Bali schon zweimal besucht und es eher mittelmäßig gefunden. Ich konnte spüren, dass die Insel besonders war, doch ich war noch nicht bereit für die Erfahrung, die dort auf mich wartete. Thailand fand ich viel aufregender und irgendwie auch ansprechender. Bali dagegen kam mir fast langweilig vor. Auch wenn die Insel wunderschön ist und die Einwohner einfach nur freundlich sind. Dennoch konnte ich mich bis zu dem Zeitpunkt nicht zu 100 Prozent mit der Insel anfreunden.

Irgendwas musste auf dieser Insel aber auf mich warten! Und so unbedeutend kann es auch nicht sein, wenn es immer wieder in mir hochkam.

Ich entschied mich also noch in Thailand dazu, nach meinem Deutschlandbesuch wieder nach Bali zu fliegen und dort eine Weile zu bleiben. So lange, bis ich sehe, worum es hier geht.

Bali, September 2016

Im September geht es also wieder zurück nach Südostasien. Diesmal sollte es auch für etwas länger sein. Nachdem mich Thailand also ordentlich durchgerüttelt hat und Deutschland nicht viel zur Heilung beitragen konnte, betrete ich wieder die Insel der Götter.

Einfach ist der Start aber nicht wirklich. Nachdem ich in Ubud eintrudele, fangen auch schon die ersten Probleme an. Da ich seit meinem Thailandbesuch sensibler bin, denn je, kann ich jede Kleinigkeit, die im Unreinen ist, spüren.

Und das zeigt sich nun in meiner Beziehung. Jeder weiß, dass Beziehungen unsere Schattenseiten ganz klar aufzeigen. Es ist, als ob man konstant in den Spiegel schaut. Ich streite mich nun jeden Tag mit meinem Freund André, was mich innerlich regelrecht auslaugt. Wenn es André nicht gut geht, projiziere ich es sofort auf mich, statt auf mein eigenes

Befinden zu achten. Gleichzeitig geht auch die Eifersucht mit mir durch. Zu dem Zeitpunkt kann ich nicht klar sehen und bemerke nicht, dass es an meinem Selbstwertgefühl liegt. Ich mache mich kleiner, als ich es bin. Ich mache meine Emotionen und mein Wohlbefinden von einem anderen Menschen abhängig, was für beide Seiten Gift ist. Statt zu sehen, was bei mir noch im Unreinen ist, konzentriere ich mich ausschließlich auf seine Probleme und versuche ihm zu helfen. Dies geht natürlich in die Hose. Und mit diesen Gedanken habe ich nun zu kämpfen.

Ich will flüchten

Canggu (Bali), Oktober 2016

Da ich nach Thailand alle meine Mauern fallen ließ, bin ich nun in der Lage, Menschen komplett an mich heranzulassen. An sich eine unglaublich schöne Sache, doch leider kann ich die guten und die schlechten Seiten so intensiv spüren, dass ich mich nach einer Weile dazu entscheide, wieder Grenzen zu ziehen. Ich bin blockiert durch den Schmerz, den ich so an mich heranlasse.

Da sich nun alles auch körperlich bemerkbar macht, entscheide ich mich dazu, meinem Körper einen Gefallen zu tun und an einem Detox teilzunehmen. Ich esse für mein Leben gern und gebe den größten Teil meines Geldes für Essen aus, doch mein Körper gibt mir Signale, die nicht zu überhören sind. Also gibt es in den nächsten sieben Tagen nur Säfte für mich.

Die Tage verlaufen anders, als ich gedacht habe. Hunger kommt nur sehr selten auf und auch das Verlangen nach Süßigkeiten, das ich vorher immer hatte, ist verschwunden. Mein Energielevel ist etwas niedriger als sonst, was dazu führt, dass ich super im Nichtstun werde. Doch irgendwann kommt eine leichte Wut in mir hoch. Diese Wut hängt wohl mit dem Entgiften der Organe zusammen.

Der letzte Tag des Detox beginnt mit dem Gedanken, ob ich noch weitermachen soll oder nicht. Mein Körper gibt mir deutliche Signale, dass er noch nicht fertig ist. Dennoch beende ich das Fasten mit den anderen Teilnehmern und einem leckeren Smoothie zum Abschluss. Es ist schön, gemeinsam mit einer Gruppe das komplette Detox durchzuziehen, da durchgehend mentale Unterstützung vorhanden ist. Aber trotzdem ist da dieses Gefühl, dass ich noch weitermachen sollte.

Direkt nach dem Detox bekomme ich Durchfall, der einfach nicht abklingen will. Zuerst denke ich, dass es die Ernährungsumstellung ist, doch dann wird mir gesagt, dass die Symptome eher für Bakterien sprechen. Ich versuche diese mit natürlichen Heilmitteln zu heilen, bleibe aber erfolglos.

Im Dschungel

Ubud (Bali), Oktober 2016

Nach dem Detox ziehe ich mit meinem Freund in ein wunderschönes Haus im Dschungel. Das Haus ist komplett offen und lässt mich mit der Natur verschmelzen. Mein gesundheitlicher Zustand verschlechtert sich aber von Tag zu Tag und ich verliere so einiges an Gewicht. Gleichzeitig schlägt mir dies auch auf meine Psyche und macht mich sehr passiv und fast schon depressiv.

Im selben Zeitraum steht der Relaunch meines Blogs „Modern Hippie“ an. Ich pushe mich also die nächsten Wochen durch verdammt viel Arbeit. Ich werde schwächer und schwächer, da ich ständig meine Grenzen überschreite. Dennoch – der Relaunch wird ein voller Erfolg.

Zwischendurch überkommt mich das Gefühl, dass ich nach Australien möchte. Ich bekomme auf einmal tierische Lust auf einen Road Trip an der Westküste. Ich checke online die verschiedenen Optionen für Campervans und schmiede Pläne. Anscheinend ist das bei mir so: Nach einer Weile am selben Ort fange ich an, mich zu langweilen. Jedenfalls war das meine bisherige Erklärung.

Doch eines Abends, während einer Kakao-Zeremonie (japp, ernsthaft!) in einer großen Yogaschule kam in mir hoch, dass ich aus Bali nur flüchten möchte. Doch gleichzeitig hält mich die Krankheit auf der Insel fest. Mein Gefühl sagt mir, dass ich auf Bali bleiben solle und tiefer in das Geschehen eintauchen muss. Es gibt hier noch Menschen, die ich treffen sollte und Erfahrungen, die gemacht werden müssen. Ich entscheide mich also gegen meinen Fluchtversuch und probiere etwas Neues aus.

Leben wir in einer Matrix?

Als ich mich eines Mittags mit meiner Freundin Anita treffe, erzählt sie mir von Ernest. Der Indonesier ist zu unglaublichen Dingen in der Lage. Dinge, die unsere Vorstellungskraft bei Weitem übersteigen. Gespannt verabrede ich mich mit ihm für die darauffolgende Woche. Ein paar Tage vor unserem Treffen fange ich an, nervös zu werden. Ich habe das Gefühl, dass große Veränderungen bevorstehen werden.

An dem Morgen, als Ernest zu unserem Bungalow kommt, bin ich sehr überrascht. Denn in dem Moment, in dem er sich neben mich setzt, bin ich plötzlich ganz klar im Kopf. Keine Gedanken. Keine Emotionen. Einfach nur Klarheit. Wir unterhalten uns eine ganze Weile, bevor ich wahrnehmen darf, welche Fähigkeiten er hat. Er hat keinerlei Bullshit in seinem Kopf. Er ist völlig frei davon. Er folgt einfach seinem Herzen und nicht seinem Verstand. Und davon profitiert er jeden Tag.

Ernest ist unter anderem dazu in der Lage, in vorherige Leben einzutauchen. Er kann recht schnell erkennen, dass ich mit meinem Freund schon in einem vorherigen Leben zusammen war. Doch in diesem Leben starb er früh und ließ mich mit unserem Kind allein. Im ersten Moment kann ich es nicht glauben und reagiere zunächst völlig emotionslos. Doch einige Stunden später überkommt mich eine unendliche Trauer, die ich nicht erklären kann. Ich weine und kann gar nicht mehr aufhören. Ich kann meine Verlustangst förmlich spüren, die sich eigentlich im kleineren Ausmaß auch schon vorher zeigte. Ich wollte sie aber nie so konkret wahrnehmen. Anscheinend kann sich mein Unterbewusstsein tatsächlich noch daran erinnern. Ich gehe also durch die Trauer hindurch und erlaube mir, alle Emotionen hochkommen zu lassen.

Mit Ernest unterhalte ich mich auch über andere Themen, die mich seit einer ganzen Weile beschäftigten. Und er gibt mir Input, der mich mehr verstehen lässt.

Ich finde es immer erstaunlich, dass manche Menschen mit Leichtigkeit aus dem mentalen Gefängnis ausbrechen können und andere nicht. Leider kehren selbst Menschen, die schon die Luft der Freiheit geschnuppert hatten, nach einer Weile wieder zurück in das komfortable Leben. Denn viele von uns werden zu Herdentieren erzogen. Natürlich liegt es irgendwann in unserer Hand, uns dessen bewusst zu sein. Dennoch ist der Einfluss auf unseren Verstand von außerhalb enorm und es bedarf wirklich Mut, sich aus diesen Begrenzungen zu befreien. Unser Verstand hat Angst vor der Freiheit, da sie grenzenlos ist und unsicher erscheint. Außerdem werden viele von uns täglich dazu animiert, der Masse zu folgen. Ich lerne immer wieder aufs Neue, wie wichtig es ist, zwischen dem Verstand und dem Herzen zu unterscheiden. Das Herz mag Mut und weiß, dass Ängste meistens nicht real sind. Und es ist normal, dass wir Angst haben, unseren Herzen zu folgen, da es auch mit Verlusten verbunden sein kann. Doch die Verluste, die daraus resultieren, nichts zu tun, sind viel größer. Denn letzten Endes entscheiden wir uns gegen uns selbst. Gegen unser Herz.

Ernest erklärt mir auch Dinge, die ich sacken lassen muss und Monate später erst verstehe.

Wir leben in einer Matrix, die unseren Verstand kontrolliert. Also ein Gefängnis, das wir nicht anfassen und nicht riechen können. Entscheiden wir uns für die rote Pille, erfahren wir die Wahrheit. Schlucken wir die blaue Pille, bleibt alles so wie es ist. Es ist, wie in dem Film, nur umgekehrt. Klingt im ersten Moment vielleicht etwas krass und übertrieben. Doch denk einfach mal selbst in Ruhe darüber nach.

Die Wahrheit ist Liebe und Frieden. Die Matrix ist das, was die meisten von uns wahrnehmen und leben.

Ich durfte in Thailand die rote Pille schlucken und fühlen, was die Wahrheit zu bieten hat. Nur war ich aber vorerst zurück in der vorgegebenen Realität. Denn der Prozess war rasant schnell. Und es gab noch genug Dinge, die ich zu verlernen hatte.

Parasiten

Wochen vergehen und meine gesundheitliche Verfassung wird immer schlechter. Was dazu führt, dass ich mich zu einer Heilsitzung mit natürlichen Medikamenten entscheide. Ich verdaue mein Essen nicht mehr und bin einfach nur noch zerbrechlich und schwach. Dies zwingt mich dazu, komplett herunterzufahren und gar nichts zu tun.

Als mich mein Therapeut Nigel zum ersten Mal sieht, ist er geschockt. Ich bin mir nicht im Klaren gewesen, wie schlimm meine gesundheitliche Verfassung wirklich ist. Schnell und deutlich macht er mir verständlich, dass ich zu lange gewartet habe und nun ein wenig Arbeit auf mich zukommen wird.

Nach einer Zeit bekomme ich auch seine Diagnose: Ich habe Parasiten. Die Diagnose liegt mir schwarz auf weiß vor, doch ich kann es kaum glauben. Ich nehme es zu-

nächst auf die leichte Schulter, da ich denke, d
den Darmspülungen und natürlichen Medikamenten ver-
schwindet. Nur sind Parasiten nicht besonders freundlich, wie es der Name schon vermuten lässt.

Es ist so: Jeder von uns trägt Parasiten in sich. Was dies bedeutet, habe ich bis zu diesem Zeitpunkt aber nicht gewusst.

Emotional gesehen kommen Parasiten in den verschiedensten Formen vor. In Form von Freunden, Familienmitgliedern, Partnern, Arbeit oder auch den Medien. In allen Formen, die uns unsere Energie rauben und uns nicht mehr frei entscheiden lassen. Es ist fast so, als ob sie Macht über uns haben. Wir werden schwächer, unser Charakter verändert sich, wir entscheiden uns für anderes Essen als sonst und wir sind einfach nicht mehr wir selbst. So ist es jedenfalls mir ergangen. Ich habe diese Parasiten zu diesem Zeitpunkt wohl schon monatelang in mir herumgetragen. Und wer Parasiten in sich trägt, ist auch von emotionalen Parasiten befallen, da die eigenen Grenzen einfach zu schwach sind. Sie kommen Hand in Hand daher.

In der Vergangenheit bin ich schon ein paarmal dafür kritisiert worden, dass ich meine Selbstliebe über alles stelle. Die Sache ist aber die: Wie wollen wir ein glückliches und gesundes Leben führen und mit uns im Einklang sein, wenn wir keine Rücksicht auf uns und unsere Bedürfnisse nehmen? In den letzten Monaten aber habe ich mich selbst vernachlässigt und anderen erlaubt, extremen Einfluss auf mich zu nehmen. Und in dieser Zeit habe ich es noch nicht einmal bemerkt. Erst im Nachhinein habe ich verstanden, dass ich nicht mehr aus eigenem Willen heraus entschieden habe. Ich habe mich anders gekleidet und war auf einmal einfach nicht mehr da.

Ich vermisse mein wahres Ich

Während einer Heilsitzung überkommt mich auf einmal das Gefühl, dass ich mich selbst nicht mehr spüre. Wo bin ich nur hin? Habe ich mich in den letzten Monaten selbst aufgegeben?

Es ist mehr als offensichtlich, dass meine Grenzen zu schwach waren. Ich ließ bis zu dem Zeitpunkt Menschen, Parasiten und anderes in mein Leben, welche in der Lage waren, über mich zu bestimmen. Über meine Emotionen, meine Handlungen und meine Gesundheit. Ich war in den letzten Monaten komplett fremdbestimmt. Ich agierte nicht aus meinem Willen heraus, sondern ließ mich zu einem gewissen Grad durch Externes lenken. Es ist nun an der Zeit, dies hinter mir zu lassen und Entscheidungen zu treffen, die meiner Seele guttun.

Ich entscheide mich also dazu, aus unserem Bungalow auszuziehen und mich nur noch auf mich zu konzentrieren. Es ist keine einfache Entscheidung. Für meinen Verstand macht es absolut keinen Sinn, mir eine eigene Bleibe zu suchen, um mich nur um mein Selbst zu kümmern. Doch meine Seele schreit danach. Und das zeigt sich auch wieder in meinen Träumen.

Etwas in mir stirbt

Ich verlasse die letzte Behandlung mit Nigel und fühle mich verwirrt. Ich fühle mich, als ob der ganze Prozess genau in der Mitte abgebrochen wurde.

Die Parasiten sind nach wie vor da. Sie scheinen zu intelligent für eine natürliche Behandlung zu sein. Nigel kann mir nicht mehr weiterhelfen und rät mir auszureisen, um mich komplett durchchecken zu lassen, um so das richtige Antibiotikum zu erhalten.

Ich bin enttäuscht. Von mir und von ihm. Dabei hat er alles versucht, was er nur konnte. Ich bin enttäuscht von mir, da ich anscheinend nicht alle Emotionen hatte loslassen können. So ist jedenfalls die alternative Sichtweise dieser Behandlung.

Am nächsten Tag muss ich nach Denpasar zum Migrationsamt, um mein Visum zu verlängern. Während ich dort sitze und warte, setzt sich eine ältere Dame aus Kanada neben mich und fängt an zu erzählen. Wir unterhalten uns über Gott und die Welt. Und schließlich berichte ich ihr von meinen Parasiten. Sie wird plötzlich sehr ernst, da sie dasselbe Problem hatte und große Schwierigkeiten hatte, die richtige medizinische Versorgung auf Bali zu finden. Nach all den Jahren auf der Insel hat sie aber einen ausgezeichneten Arzt gefunden. Sie nennt mir seinen Namen und versucht mir den Standort seiner Praxis zu erklären.

Am Nachmittag dann mache ich mich in Ubud auf die Suche nach „Dr. Dewata". Ich frage in allen möglichen Straßen nach dem Arzt und finde ihn tatsächlich nach einer geschlagenen Stunde.

Ich betrete den Behandlungsraum des Arztes und weiß von der ersten Sekunde an, dass er mir helfen wird. Kurzzeitig habe ich sogar das Gefühl, dass ein Engel vor mir sitzt. Schon nach ein paar Minuten spüre ich eine unglaubliche Erleichterung und muss weinen. Das klingt vielleicht alles etwas zu emotional, doch nach Monaten mit Parasiten in meinem Körper, war jeder Hoffnungsschimmer für mich ein riesiges Geschenk.

Und tatsächlich: Dr Dewata weiß genau Bescheid über diese Art von Parasiten und gibt mir ein sehr starkes Antibiotikum, das ich über die nächsten zehn Tage nehmen soll. Doch am zweiten Tag der Einnahme beginne ich, mich schlecht zu fühlen. Ich habe tatsächlich das Gefühl, dass in mir etwas stirbt. Es herrscht ein regelrechter Kampf in meinem System. Ich habe das Gefühl, dass mir mein Herz fast rausspringt. Ich schwitze und leide. Ich bedaure aus tiefstem Herzen, was ich meinem Körper monatelang angetan habe. Und nun habe ich die Wahl: Lasse ich mich von den Parasiten auffressen oder zerstöre ich sie?

Ich spüre Angst. Mein Atem ist kurz und flach – nicht tief, wie sonst. Es fühlt sich so an, als ob die Parasiten mein Gehirn befallen hätten und mich nicht frei entscheiden lassen. Angst und Kontrolle sollen gehen und mir eine neue Version meiner selbst ermöglichen. Ich will einfach wieder frei sein.

Gleichzeitig kann ich während dieser Nacht spüren, dass ich mich von einigen Menschen verabschieden muss. Sie dienen mir nicht und laugen mich nur aus. Jedenfalls zu diesem Zeitpunkt. Ich bin die Person, die das erlaubt und sie in mein System lässt. Es liegt also in meiner Macht und ich kann niemanden dafür beschuldigen. Auch ist es an der Zeit, sich von alten Verhaltensmustern zu verabschieden, die mein Leben nur erschweren und mich in manchen Lebensbereichen nicht vorankommen lassen.

Manche sagen, dass die Körperregionen, die am meisten betroffen waren, reagieren, wenn die Parasiten langsam sterben. Bei mir war es der Kopf, mein Herz und meine Lunge. Es ist, als ob ich Parasiten in mein Herz gelassen habe und mich von ihnen nun verabschieden muss. Dies symbolisiert tiefe Beziehungen, die ich leider auflösen muss.

Alles, was mir nicht mehr dient, muss gehen. Veränderungen sind überfällig. Ich kann an Altem nicht mehr festhalten, da es mich krank macht und mich regelrecht von Innen auffrisst.

Ich nehme mir mein Leben zurück

Schon Wochen zuvor konnte ich spüren, dass große Veränderungen anstehen. Es machte mir ein wenig Angst, doch ich wusste, dass ich diesen Schritt gehen wollte.

Nun ist es an der Zeit, Altes loszulassen, um Neues willkommen zu heißen. Illusionen aufzulösen, die mir nicht dienen, sondern schaden. Denn wir glauben die Dinge, die wir glauben wollen. Wir erschaffen unsere eigene Realität.

In mir ist ein lauter Schrei, dass ich zu viel Beeinflussung von außen zugelassen habe. Ich ließ mich lenken. Aber in einem ungesunden Ausmaß. Ich erlaubte Dinge, die mir nicht guttaten. In dem Moment entscheide ich mich dazu, meine eigene Macht zurückzunehmen und die ungesunde Beeinflussung zu eliminieren. Zu viel hatte ich mich von meinem Freund beeinflussen lassen, bis ich einfach nicht mehr da war. Ich erkenne mich selbst kaum noch. Ich habe mit mir selbst Schluss gemacht. Es war meine unbewusste Entscheidung. Auch zuvor habe ich mich in Beziehungen formen lassen. Was nicht unbedingt schlecht ist, doch es kommt darauf an, welches Ausmaß es annimmt.

Ich fühle mich plötzlich wieder stärker. Ich bin einfach wieder mehr bei mir selbst und weniger bei anderen. Die Karten werden neu sortiert. Ich nähere mich immer mehr dem, was sich für mich richtig anfühlt.

Sag Ja zum Leben

Einige Zeit später sitze mit meiner Freundin Anita, die seit ein paar Jahren auf Bali lebt, im Café, als sie plötzlich eine Nachricht erhält, die an uns beide adressiert ist.

„Paul hat sich das Leben genommen."

Es gibt Menschen, die vergisst man nicht, weil sie einfach so besonders sind. So ist es mit Paul, den ich vor 2,5 Jahren in Kuala Lumpur in einem Hostel kennenlernte.

Ich sah ihn und hatte sofort das Gefühl ihn zu kennen. Ich war auf der Durchreise nach Australien und wollte eigentlich meine Ruhe haben, doch war das Gefühl da, ihn ansprechen zu müssen.

Er war zu dem Zeitpunkt erst 19 Jahre alt, aber schon so weise, wie ein 80-Jähriger. Er war einfach besonders. Wir verbrachten den nächsten Tag miteinander und hatten viel Spaß. Wir konnten tiefgründige Gespräche führen, aber auch albern sein.

Am nächsten Morgen fuhr ich zum Flughafen und er nahm den Bus zu einem Vipassana Retreat, um dort zehn Tage zu meditieren. Ich verpasste meinen Flug nach Australien und entschied mich dazu, wieder zurück nach Thailand zu reisen.

In Krabi trafen wir uns dann wieder und verbrachten dort ein paar Tage gemeinsam, bis wir dann mit ein paar anderen wundervollen Reisenden nach Koh Lanta fuhren. Auch dort hatten wir alle eine wundervolle Zeit. Sieben Menschen, sieben Lebensgeschichten und sechs Nationalitäten rückten hier näher zusammen und machten die Tage besonders.

Wochen später besuchte mich Paul in Chiang Mai, wo wir dann noch mehr Zeit miteinander verbrachten. Paul hatte so ein gutes Herz und war so offen. Doch ich hatte Angst, mich noch mehr zu öffnen. Aus diesem Grund ging ich nach einiger Zeit auf Distanz. So reiste er weiter nach Laos und ich machte meine erste mehrtägige Meditationserfahrung.

Und nun sitze ich mit Anita im Café und kann es nicht glauben. Doch ich spüre in dem Moment auch, dass es ihm jetzt gut geht.

Als ich erfahre, zu welchem Zeitpunkt er sich das Leben nahm, machte dies bei mir sogar Sinn. Denn genau zu dieser Zeit, vor nun mehr als zwei Monaten gab es drei Tage, an denen ich fast durchgehend weinen musste. Ich wusste damals nicht, woher der Schmerz und die Trauer kamen, ließ die Wellen aber einfach kommen. Nun weiß ich es: Die Emotionen kamen genau an dem Tag, an dem sich Paul das Leben nahm. Ich konnte spüren, dass er von uns ging.

Monate vor seinem Abschied reiste Paul durch Indien und ließ das Leben auf sich einprasseln, schloss viele Freundschaften und machte neue Erfahrungen. Nach seiner Rückkehr nach Frankreich war er wohl nicht mehr derselbe und verfiel in Depressionen. Er war immer sehr neugierig und sensibel. Für sein Alter war er unglaublich weise und hatte schon so viele Erfahrungen gemacht. Er brachte Menschen zusammen, öffnete ihre Herzen und zeigte jedem eine gewisse Leichtigkeit des Seins. Er war ein Engel im Menschenkörper und seine Mission schien erfüllt zu sein. Ich konnte mich in Paul erkennen. Ich sah die Gemeinsamkeiten. Er war genauso neugierig, was das Leben betraf. Es ist gut, das Leben zu hinterfragen, doch es gibt Grenzen. Zu viel Neugier kann ungesund für die Psyche sein. Es ist wichtig, das Leben zu genießen und nicht alle Dinge genauestens zu erforschen. Eine Sache, die ich noch lernen musste.

Wenn wir uns für unser Leben entscheiden, dann sollten wir dies jeden Morgen tun. Wir sollten jeden Morgen dafür dankbar sein, dass wir hier sind. Wir haben Dinge, die sich andere nur erträumen können. Dennoch sind wir manchmal frustriert und undankbar.

Wir sollten viel dankbarer dafür sein, dass wir am Leben sind. Dass wir ein Dach über dem Kopf haben und nicht unter der Brücke leben. Dass wir in einem Land leben, in dem es normal ist, satt zu sein und nicht an Hunger zu leiden.

Mir wird in diesen Tagen bewusst, dass es Phasen im Leben gibt, in denen es heißt zu kämpfen. Wer nicht kämpft hat verloren. Das Leben ist es aber wert. Denk nur an all die Menschen, die dich lieben und die du liebst. Denk an all die schönen Momente, die du schon erleben durftest.

In jedem von uns steckt ein Krieger, der erweckt werden möchte. Ein Krieger, der stark genug ist, alle Höhen und Tiefen zu meistern. Wenn auch nicht immer mit Leichtigkeit. Ein Krieger gibt aber nicht so einfach auf.

Es geht darum, jeden Tag Ja zum Leben zu sagen.
Ja zu unserem Körper.
Ja zu neuen Erfahrungen.
Ja zum Mysterium Leben.
Ja zu unseren Möglichkeiten.
Ja zu unseren Freunden.
Ja zu unserer Familie.
Ja zu den einfachen Dingen.
Ja dazu, jeden Tag das Beste aus dem Tag zu machen.
Ja zu der Schönheit der Natur.
Ja zu der Magie des Lebens.
Ja zu Wachstum.

Wenn wir jeden Tag Ja zum Leben sagen, entscheid… uns ganz bewusst dafür. Wir existieren dann nicht mehr, sondern nehmen es in unsere Hand. Wir sind einfach nicht mehr passiv. Wir entscheiden uns für das Bewusstsein.

Dieses Leben bietet so viele Möglichkeiten, so viel Spaß und Liebe, dass es eine Tragödie ist, dieses nicht zu nutzen.

Sag Ja zu deinem Leben.

R.I.P. Paul

Wenn das Ego stirbt

Das letzte Jahr hat mich so durchgerüttelt, dass die Karten neu gemischt wurden. Bis zu dieser Achterbahnfahrt dachte ich, einiges verstanden zu haben. Neues klopfte aber an der Tür. Es war an der Zeit, alte Verhaltensmuster hinter mir zu lassen und Neues willkommen zu heißen. Ich durfte mich selbst besser kennenlernen: meine Grundwerte, meine Grenzen und meine Bedürfnisse. All das kann ich allmählich kommunizieren und es auch in mein Leben integrieren. Gleichzeitig weiß ich, welche Ängste ich loslassen kann, um mein Herz weiter zu öffnen.

Was für ein schmerzhafter, aber befreiender Prozess! Trauer, Verzweiflung, Glück und völliges Abdriften in andere Dimensionen kamen hier zusammen. Nicht mehr unterscheiden können zwischen dem, was echt und was unecht ist. Zeitweise hatte ich das Gefühl, verrückt zu werden.

Ich wusste nicht mehr, wer ich bin. Ich habe mir immer wieder neue Klamotten gekauft, was für mich unüblich ist.

Ich fing an zu malen, da ich dachte, dass dies mein neues Ding sein könnte. Nach dem ersten Experiment mit Öl und Aquarellfarben durfte ich sehen, dass ich auf diesem Gebiet komplett talentfrei bin :-D

Auch meinen Blog „Modern Hippie“ habe ich komplett umgestaltet und frage mich nach ein paar Monaten, wer da auf den Fotos ist. Mein Gesicht ist da zu sehen, doch ich kann mich irgendwie nicht darin sehen. Meine Seele und meine Wahrheit fehlen.

Wenn das Ego stirbt, ist es kein einfacher Prozess. Es ist ein schmerzhafter Kampf, der vieles in Frage stellt und die alte Realität auflöst.

Ich verstehe, dass ich vieles mit meinem Ego kreiert hatte und es rein gar nichts mit der Wahrheit zu tun hatte. Tief eintauchen und durch einen Prozess hindurch gehen kann schmerzhaft und herausfordernd sein. Es kann alles in Frage stellen, was wir unser Leben lang geglaubt haben.

Es bringt aber auch unendlich viele Möglichkeiten mit sich, da so viele Begrenzungen einfach wegfallen.

Altes geht zu Ende und Neues beginnt

Ich pendelte zwischen Freude und Schmerz, was zu dem Zeitpunkt aber nötig war. Ich habe meine wundervolle und magische Erfahrung in Thailand anscheinend in Frage gestellt und entschieden, dass ich pure Liebe nicht verdient habe. Dadurch entstand eine Trennung zwischen mir und meiner Umwelt, wozu alles gehört: das Universum, meine Mitmenschen, die Natur. Einfach alles. Wir sind eins. Das war immer so und wird auch immer so bleiben.

Wir eignen uns unser Leben lang so vieles an, was uns schadet. Und genau das muss gehen. Statt Neues zu lernen, sollten wir manchmal auch einfach das Gegenteil davon tun. Verlernen. Unser System von Altem bereinigen.

Alles ist Liebe.

Alles ist leicht und schön.

Wir machen das Leben so kompliziert, wie wir es wollen.

So würde ich den ersten Teil meiner Erfahrung zusammenfassen. Es kam eine regelrechte Informationsflut auf mich zu, die mich staunen, lachen und weinen ließ. Es war wunderschön und zeigte mir mal wieder, wie magisch unser Dasein ist.

Doch die meisten leben nicht ein Leben, in dem sie nur „sein“ können und sonst nichts machen müssen.

Und genau darum geht es im zweiten Teil: Diese Erfahrungen müssen in das „normale Leben“ integriert werden. Denn viel zu oft werden uns tolle Retreats und Workshops verkauft, die etwas in uns auslösen, uns aber nicht unterstützen und nachhaltig sind. Es gibt dann ein extremes Hoch in einem liebevollen und sicheren Umfeld. Danach geht's dann aber anders weiter. Denn alles Erfahrene und Gelernte muss in den Alltag integriert werden. Sonst ist diese Erfahrung wenig hilfreich, sie kann uns sogar schaden.

Wachstum kommt nicht immer einfach daher.

Veränderungen sind oft schmerzhaft.

Loslassen ist angesagt, um Neues willkommen zu heißen.

Es ist an der Zeit, neue Erfahrungen zu machen, um das Leben in die richtige Richtung zu lenken.

Auf Bali hatte ich das Gefühl regelrecht zu verschwinden. Die Parasiten fraßen mich auf und ließen mich nur noch den Schatten meiner selbst sein. Mein Freund hatte zwischendurch Angst, dass nichts mehr von mir übrig bleibt. Mir war zu dem Zeitpunkt nicht klar, wie rasant es für mich bergab ging. Heute bin ich sehr froh, dass ich noch hier bin und dass ich mich erholen konnte.

Es war sicherlich keine schöne Zeit, doch zum Leben gehören Höhen und auch Tiefen. Ich konnte durch harte Zeiten immer sehr viel lernen. Es fühlt sich jedes Mal so an, als ob ein Stück meines alten Ichs stirbt und dieser Platz durch ein stärkeres Ich ersetzt wird. Vieles hat sich verändert. Ich bin nicht mehr dieselbe Person, die ich noch vor einem Jahr war. Doch all das war wahrscheinlich nötig, um wirklich sehen zu können.

„There is no coming to consciousness without pain. People will do anything, no matter how absurd, in order to avoid facing their own soul. One does not become enlightened by imagining figures of light, but by making the darkness conscious.“

— C.G. Jung

Kapitel 1

Let Go

Wir müssen Loslassen

Veränderung ist unsere einzige Konstante im Leben. Nichts bleibt, wie es ist und alles ist voller Überraschungen.

Ganz egal, ob es sich um Menschen handelt, um bestimmte Eigenschaften oder um Erwartungen. Wir sollten an nichts zwanghaft festhalten, denn es wird immer wieder Überraschungen geben.

Für mich war und ist dieser Part der aufregendste, aber auch der schwierigste. Ich kann es kaum beschreiben, wie viele Nerven mich das Loslassen meiner eigenen Denkweisen schon gekostet hat. Dabei könnte es manchmal auch viel einfacher sein.

Der ganze Prozess, durch den ich fast ein Jahr gegangen bin, war sehr anstrengend. Es war so anstrengend und so umfassend, dass ich es emotional kaum verdauen konnte. Es war einfach viel zu viel in viel zu kurzer Zeit.

Dennoch glaube ich, dass das Universum uns nur Aufgaben gibt, die wir bewältigen können und auch sollen. Ich habe mich so oft gefragt, ob diese Erfahrungen überhaupt gut für mich waren oder ob sie mich völlig aus dem Gleichgewicht brachten. Doch im tiefsten Inneren spürte ich, dass alles gut werden würde. Dass ich viel stärker aus der ganzen Sache rausgehen würde. Und letzten Endes war es dann auch so.

Das Loslassen unguter Denkweisen kann einem Entzug gleichen. Wenn wir sie loslassen, kann es sein, dass wir uns mit einem Mal traurig und einsam fühlen. Es kann auch Unsicherheit hervorrufen und auch das Gefühl, völlig verloren zu sein. Es kann sogar sein, dass wir unser mentales Chaos vermissen, wenn wir spüren, dass etwas in uns stirbt.

Doch das alles vergeht und es verwandelt sich zu etwas Wundervollem.

Was tun in schwierigen Phasen?

Nicht immer läuft alles rosig. Nicht immer sind wir im Einklang mit uns selbst und können hören, was uns unsere Intuition sagen möchte. Es gibt Phasen im Leben, in denen es fast unmöglich scheint, diese Stimme zu hören. Und dabei brauchen wir sie genau in diesen Phasen am meisten. Denn genau dann gibt es am meisten zu lernen.

Ich war eine ganze Weile sicher, dass ich die Verbindung zu mir selbst und zu meinem höheren Ich nicht mehr verlieren oder überhören könnte. Es lief einfach fantastisch und ich war mir sicher, dass es so bleiben würde. Ich hatte tatsächlich geglaubt, das Leben verstanden zu haben. Ziemlich überheblich, das ist mir jetzt klar. Denn genau in solchen Momenten hält das Leben immer Überraschungen für uns bereit.

Meine Verbindung fing an Schritt für Schritt zu verschwinden. Sie wurde verschüttet durch viele Ereignisse, die mich an mir zweifeln ließen. Meine negativen Gedanken wurden immer lauter und übertönten die feine Stimme, die mir den Weg zeigen wollte.

Ich wurde traurig und zeitweise überkam mich die Verzweiflung. Wo war plötzlich dieses unbeschreibliche Gefühl hin, auf das ich mich verlassen konnte? Es dauerte eine Weile, bis ich akzeptierte, dass es vorerst verschwunden war. Und genau in dieser Zeit wurde ich krank und verfiel in alte Muster, die ich vor vielen Jahren aufgegeben hatte. Ich fand mich unmotiviert und kraftlos wieder. Wo war das Ich hin, das so glücklich und euphorisch war? Aus Vertrauen und Liebe wurde Kontrolle und Angst.

Mein Unterbewusstsein versuchte mir schon zuvor Hinweise zu geben, welche Eigenschaften mir das Leben schwer machten. Doch es ging mir gut und ich wollte nicht an mir arbeiten.

Es dauerte eine ganze Weile, bis ich deutlich erkennen konnte, worum es hier ging. Alte Muster drängten sich auf, die diesmal deutlich wahrgenommen werden wollten. Nun war es an der Zeit, sie hinter mir zu lassen. Mehr Selbstliebe, klare Grenzen, weniger Angst und unharmonische Beziehungen standen ganz oben auf der Liste.

Ich tendierte immer dazu, mir Partner auszusuchen, die nicht zu mir passten, da sie eine komplett andere Lebensvorstellung hatten. Oder alternativ tendierte ich zu Männern, die zig Baustellen hatten und in keiner Beziehung sein sollten. All das war aber ein Zeichen dafür, dass ich glaubte, keine harmonische Beziehung verdient zu haben. Und der Grund dafür war fehlende Selbstliebe.

Alles ist eine Entscheidung

Alles beginnt mit einer Entscheidung. Unser Leben ist manchmal scheiße. Das kann wahrscheinlich jeder so bestätigen. Um es aber wieder besser zu machen, muss man sich dazu entscheiden. Und genauso ist es mit der Suche nach unserer Intuition, nach der Leidenschaft und nach dem Warum. Wir entscheiden uns dazu, dass wir alle die-

se Dinge leben wollen, doch vorher müssen wir
Auch wenn sie schon immer da waren! Und da:
wir handeln. Wenn wir die Verbindung zu unserem höheren Ich nicht spüren können, dann ist es an der Zeit, etwas in unserem Leben zu verändern.

Wenn wir nicht wissen, wer wir sind und was wir wollen, dann sollten wir versuchen, die Dinge anders anzugehen und umzudenken. Letzten Endes geht es darum, Altes loszulassen und Neues willkommen zu heißen. Menschen, Eigenschaften, Traumata, die uns nicht mehr dienen. Sie bringen uns nämlich nicht dahin, wo wir gerne sein würden.

Erst wenn wir einige Dinge in unserem Leben verändern, können wir weiterkommen und das finden, wonach wir suchen. Wenn alles unverändert bleibt, dann kann auch nur schwer etwas Neues in unser Leben eintreffen, das für uns die gewünschten Veränderungen mit sich bringt.

Vor einigen Jahren habe ich angefangen, aktiv danach zu suchen. Ich hatte die Schnauze voll von Jobs, die mir keinen Spaß machten, von Partys voller Oberflächlichkeiten und Unterhaltungen, die nicht in die Tiefe gingen. Ich konnte mich selbst nicht mehr spüren und war einfach nicht mehr ich selbst. Doch ich wusste nicht, was ich stattdessen machen sollte. Wer war ich und was wollte ich eigentlich? Ich machte zig Persönlichkeitstests, redete mit Freunden und Bekannten. Ich ließ keine Möglichkeit aus, um Antworten zu finden. Doch ich machte damals eine Sache falsch: Ich dachte zu begrenzt! Ich wusste, dass ich nicht in Deutschland leben und in keinem Büro hocken wollte. Stattdessen wollte ich mich kreativ ausleben auf den verschiedensten Ebenen. Doch das Kreativste, das mir zu diesem Zeitpunkt einfiel, war ein Café in einem alten Caravan. Aber mein Gefühl sagte mir, dass es noch nicht wirklich das Richtige war. Meine Ideen und auch die Ideen anderer trafen noch nicht den Punkt. Der Funken sprang einfach nicht über. Und das ist ein eindeutiges Zeichen dafür, dass etwas Besseres auf einen wartet.

Ab einem gewissen Zeitpunkt hatte ich immer wieder dieselbe Vision. Ich sah mich selbst in einem Café sitzen und an meinem Laptop arbeiten. Wie meine Arbeit genau aussah, das wusste ich noch nicht. Ich hatte nur das Gefühl, dass es das Richtige war. Kurze Zeit später stellte ein Freund mir einen Bekannten vor, der im Online Marketing tätig war; er verdiente sein Geld mit Blogs. Nachdem er mir ein wenig davon erzählt hatte, fragte er mich, warum ich nicht meine Erfahrungen mit anderen teilte. Dieser Moment brachte den Stein ins Rollen! Ich fing an zu recherchieren und war fasziniert von all den Möglichkeiten, die das Internet mit sich brachte.

Nach und nach veränderte sich mein Denken und damit erweiterte sich auch das Feld der Möglichkeiten. Aktives

Suchen und Zuhören brachten mich an diesem Punkt in meinem Leben weiter.

Jeder, der sich bewusst dazu entscheidet, sich selbst und den Sinn seines Leben zu finden, der wird dies auch schaffen. Doch man muss sich darüber im Klaren sein, dass es unkomfortabel werden kann. Das ist aber auch der aufregende Part dabei. Denn keiner wird dahin gelangen, ohne seine Komfortzone zu erweitern.

Es muss also umgedacht werden. Wir müssen uns Dinge trauen, die wir uns vorher nicht zugetraut hätten. Damit erweitern sich unser Horizont und auch unsere Handlungsmöglichkeiten. Und auf diesem Weg sind dann auf einmal Dinge möglich, die wir vorher für völlig unmöglich gehalten haben.

What doesn't kill you makes you stronger

Wenn dann gerade Zeiten anstehen, die es in sich haben und wie ein zerstörerischer Tornado daherkommen, heißt es stark zu bleiben und nicht aufzugeben. Denn solche Stürme kommen nicht ohne Grund.

Gerade diese Zeiten bringen enormen Wachstum und Einsichten mit sich, die wir sonst nicht erlangen könnten. Die wichtigsten Lehren kommen sehr oft schmerzhaft daher. An manchen Tagen ist es schwer, motiviert zu bleiben, um den positiven Ausblick nicht zu verlieren. Aber gerade dann ist es wichtig, stark zu bleiben und sich nicht aufzugeben.

Vieles macht rückblickend sogar Sinn. Wir können nicht alles sofort begreifen und wissen, wofür es gut war. Im Nachhinein kommt aber der Aha-Moment und dann wissen wir ganz genau, wie sehr wir durch diese Erfahrung gewachsen sind und wie viel wir gelernt haben.

Denn schon aus früheren Erfahrungen weiß ich, dass genau in solchen Zeiten etwas Wundervolles und Lehrreiches gedeiht. Veränderung und Wachstum stehen an.

Bleibe niemals in der Misere stehen.
Steh wieder auf.
Geh weiter.
Auch wenn du nur langsam vorankommst.
Denn du hast es verdient glücklich zu sein.
Wenn du mitten in der Misere stehenbleibst, gibst du dich auf.

Aber wofür sollen schwere Zeiten bitte gut sein?

Jeder von uns fällt mal. Der eine etwas tiefer als der andere. Doch keiner bleibt davon verschont. So kommt das Leben mit seinen Lektionen halt daher.

Viele wurden schon betrogen, verlassen, haben schwere Krankheiten hinter sich, Familienprobleme, wissen nicht, wie sie finanziell über die Runden kommen sollen oder haben Angehörige verloren.

Doch es gibt eine wichtige Sache, die Menschen voneinander unterscheidet: Die einen stehen wieder auf und die anderen geben sich auf.

Deine Reaktion ist wichtiger als die Situation

Es gibt Menschen, die hat es wirklich hart getroffen. Doch irgendwie rappeln sie sich immer wieder auf, da Aufgeben keine Option für sie ist. Sie wissen, dass das Leben Höhen und Tiefen hat und dass jeder mal kämpfen muss.

Wiederrum andere geben sich schnell auf und sehen die Schuld für ihr Leiden bei anderen Menschen oder den Umständen.

Das Leben gibt es aber nun mal nur mit Herausforderungen. Und wir können uns entscheiden, ob wir diese meistern möchten oder nicht.

Entscheiden wir uns dazu, aus schwierigen Situationen zu lernen, dann wachsen wir auch. Unser Fundament wird dadurch stärker und stärker. Nichts kann uns dann so schnell wieder umhauen.

Life is a song – sing it.
Life is a game – play it.
Life is a challenge – meet it.
Life is a dream – realize it.
Life is a sacrifice – offer it.
Life is love – enjoy it.

—Sai Baba

Finde den Sinn in der Herausforderung

Bei vielen Menschen sind es die schwierigen Phasen im Leben, die sie aufrütteln. Dadurch wird die nötige Veränderung in Gang gesetzt. Es muss dann nämlich in Momenten gekämpft werden, in denen wir am verletzlichsten sind.

Kontrollieren können wir das Leben nicht, also macht es keinen Sinn, nur zu jammern und sich aufzugeben.

„Wäre ich nicht mit XY zusammen gewesen, dann hätte ich jetzt auch keinen Herzschmerz."

„Hätte ich einen anderen Weg zu Arbeit genommen, dann hätte ich auch keinen Unfall gebaut."

Jede Erfahrung kommt mit einer Erkenntnis daher. Und diese Erkenntnis hilft uns weiter. Sie muss aber nicht immer auf Anhieb Sinn machen.

Kein Liebeskummer war umsonst.

Keine Krankheit kommt ohne Einsichten.

Ich konnte mich zum Beispiel durch zwischenmenschliche Probleme besser kennenlernen. Sie zeigten mir meine Grenzen auf, meine Werte und auch meine Baustellen.

Schwere Zeiten sind unsere Lehrer. Wir müssen kämpfen und sind dabei verletzlich. Und wir entscheiden, ob wir aus diesen Zeiten lernen wollen oder nicht. Sie bringen uns etwas bei, geben uns Einsichten und helfen uns die nächste Entwicklungsstufe zu erreichen.

Wenn dein Partner dich nicht betrogen hätte, dann hättest du auch nicht die andere wundervolle Person kennengelernt. Oder vielleicht wärst du dann nicht auf Reisen gegangen oder umgezogen. Auch hättest du nicht gelernt, alleine zu sein und es zu genießen.

Wäre die Krankheit nicht gewesen, hättest du dir keine tiefgehenden Gedanken über dein Leben gemacht. Vielleicht wärst du deiner Familie sonst auch nicht wieder nähergekommen.

u nicht gekündigt worden wärst, hättest du dir niemals Gedanken über Alternativen gemacht, die dich letztendlich viel glücklicher machen.

Es ist doch letzten Endes immer so: Wenn eine Tür sich schließt, öffnet sich eine andere.

Verschließe dein Herz nicht

Fühlst du dich in schweren Zeiten auch manchmal mental und emotional ausgelaugt? Fällt es dir schwer, morgens das Bett zu verlassen und etwas zu unternehmen?

Und nun denk mal umgekehrt an Zeiten, in denen du verliebt, begeistert oder von einer Sache inspiriert bist. Wahrscheinlich sind das eher Zeiten, in denen du nur so vor Energie strotzt. Und genau in diesen Zeiten schöpfen wir von einer ganz wichtigen Energiequelle.

In jedem von uns ist eine gewaltige Menge an Energie vorhanden, die nicht vom Essen oder Schlafen kommt. Wir können aber von dieser Energiequelle nur schöpfen, wenn wir offen bleiben und bei schmerzhaften Erfahrungen nicht dicht machen. Ich rede hier vom Herzen. Und das Herz ist ein sehr wichtiges Energiezentrum, das wir öffnen und schließen können. Yogis bezeichnen Energiezentren als Chakren. Wenn du dein Herzzentrum verschließt, kann auch keine Energie hineinfließen.

Stell dir mal vor, du denkst, dass dein Partner dich betrügt. Automatisch verschließt du dein Herz und es herrscht Dunkelheit. Findest du dann aber heraus, dass dein Partner nichts Falsches getan hat, öffnet sich dein Herz wieder. Dadurch wirst du wieder mit Energie erfüllt und die Liebe beginnt erneut zu fließen.

Ich weiß, dass es in schwierigen Situationen nicht einfach ist offen zu bleiben. In den letzten Wochen habe ich mich immer wieder dabei erwischt, dass ich dichtmachen wollte. Nur ist dies keine Option, da ich mir damit selbst nur schade. Ab dem Punkt wäre ich blockiert und hätte nur noch sehr wenig Energie.

Offen bleibst du, indem du dich ganz bewusst dafür entscheidest. Wenn du dich dabei erwischst, wie du dich verschließt, frage dich, ob es das wert ist. Denn wenn du dein Herz verschließt, schützt du dich nicht wirklich, sondern schneidest dich nur von deiner Energiequelle ab. Mein größtes Hilfsmittel hierbei ist die Meditation.

Nichts bleibt, wie es ist

Eine Sicherheit gibt es im Leben: nichts bleibt, wie es ist. Alles kommt und geht. Gutes kommt und geht. Schlechtes kommt und geht.

Veränderung ist unsere einzige Konstante…ob wir es wollen oder nicht. Und genau das im Hinterkopf zu behalten ist verdammt wichtig. Denn auch schwere Zeiten vergehen und bleiben nicht für immer.

Es geht darum, die Ereignisse zu nutzen.

Zu lernen.

Zu wachsen.

Immer wieder aufzustehen, auch wenn dir manchmal nicht danach ist.

Das Leben und seine Ereignisse machen oft erst rückblickend Sinn. Erst dann können wir all die Punkte miteinander verbinden und verstehen.

Jede Krise bringt Chancen mit sich. Im ersten Moment sind die Chancen nicht offensichtlich. Das liegt aber einfach nur daran, dass der Fokus auf das Problem ausgerichtet ist und nicht auf die Chancen, die Veränderungen mit sich bringen.

Wir alle sitzen in demselben Boot.

Jeder bekommt die Erfahrung, die er braucht.

Auf den ersten Blick scheinen manche Erfahrungen unfair und hart zu sein.

Wenn die Zeit aber vergeht, kommt auch das Verständnis und vielleicht sogar Dankbarkeit für die schwere Zeit.

Wenn das Leben nach Veränderungen schreit

Seit meinem letzten Thailandbesuch befindet sich nun alles im Umbruch. Alles verändert sich und lässt mich immer mal wieder an meine Grenzen stoßen. Und seit meinem Detox Workshop, der mich noch sensibler machte, als ich ohnehin schon war, sprechen mein Körper und mein Unterbewusstsein lauter denn je mit mir. Genau genommen schreit mein Körper regelrecht.

Es gibt Momente, in denen ich gerne auf den „Pause-Button" drücken würde, um alles etwas zu entschleunigen und durchatmen zu können. Doch wenn Veränderung angesagt ist, dann zeigt es sich ganz deutlich und das sollte auch ernst genommen werden. Der Körper zeigt es. Die Emotionen zeigen es. In dem Moment habe ich keine Chance wegzuschauen und alles zu ignorieren.

Veränderungen gehören nun mal zu unserem Leben. Es ist die einzige Konstante.

Was machen wir, wenn unser Körper oder unser Geist nach Veränderung schreien? Sind wir dann zu ängstlich und wollen es nicht zulassen?

Nicht zu wissen, was danach kommt, kann uns einen riesigen Schrecken einjagen. Vielleicht entscheiden wir uns dann lieber für Stillstand und machen so weiter wie zuvor. Auch wenn es falsch ist.

Wenn das Alte ausgedient hat, können wir es spüren. Es wird sich jeden Tag bemerkbar machen, bis wir etwas tun. Bis wir handeln und uns für etwas Neues entscheiden. Es müssen keine extremen Veränderungen sein. Manchmal können auch schon kleine Veränderungen einen großen Unterschied machen.

Veränderungen geben uns neue Lebensenergie und Perspektiven.

Natürlich macht es Angst. Wenn wir aber allen Dingen aus dem Weg gehen würden, die uns Angst machen, dann wird es auch keinen Fortschritt für uns geben. Keine aufregenden Momente, sondern Monotonie und letzten Endes Reue und Schmerz. Und niemand von uns möchte zurückblicken und bereuen, etwas nicht getan zu haben.

Und ja, vor Veränderungen sind die Zeiten meistens nicht rosig, sondern eher holprig oder nervenraubend. Doch bestehen genau da die Möglichkeiten zu einer riesengroßen Veränderung. Zu einer Veränderung, die überfällig ist und uns schon längst durch Körper und Geist kommuniziert wurden.

Wenn wir auf die Signale des Körpers und des Unterbewusstseins nicht hören, werden wir uns vielleicht in einem Sturm wiederfinden. Dann sind die Signale bestimmt nicht mehr zu überhören... Doch wäre es emotional nicht weniger belastend, erst gar nicht in den Sturm zu geraten?

Natürlich hat jeder seine Komfortzone, die er liebt. Doch wir haben immer die Wahl und genau dafür sollten wir dankbar sein. So unglaublich dankbar. Wenn etwas nicht stimmt, dann können wir es verändern. Wir müssen nicht starr in der Lebenssituation bleiben, in der wir sind. Veränderungen sind nötig und führen uns nach und nach zu einem besseren Leben.

Genau diese Entscheidungen und Schritte formen uns und machen uns zu dem Menschen, der wir sein wollen. Ich würde heute nicht von Bali aus arbeiten, wenn ich mich nicht für eine Veränderung entschieden hätte. Ich hätte auch meinen Blog nicht und wundervolle Leser, für die ich sooo dankbar bin. Außerdem hätte ich weder dieses noch mein erstes Buch „Freiheit beginnt im Kopf" geschrieben. Es war zum Teil ein schmerzhafter, aber auch befreiender Prozess, alles niederzuschreiben, was ich erlebt habe. Und natürlich war es nicht komfortabel, diese Erlebnisse mit anderen zu teilen. Doch ich wusste die ganze Zeit, dass genau das nötig für eine Veränderung war.

Trauen wir uns. Hören wir auf unseren Körper und nehmen die unendlichen Möglichkeiten wahr. Hoch lebe die Veränderung!

Veränderungen zulassen

Wenn wir uns im Prozess befinden, werden auch viele Veränderungen und Unsicherheiten auf uns zukommen. Und genau diese müssen wir auch zulassen. Wenn wir unseren eigenen Prozess blockieren und keine Hilfe annehmen, kann es nichts werden.

Ich kenne es selbst nur allzu gut von früher. Es gab Menschen, die mir unbedingt weiterhelfen wollten. Die einen wollten mir mein damaliges Studium schmackhaft machen, die anderen hatten Ideen, wie ich zukünftig mein Geld verdienen könnte und wollten mir eine neue Richtung aufzeigen. Ich versuchte mir einzureden, dass diese Optionen super für mich waren. Nur fühlte es sich nicht danach an. Heute weiß ich, dass es einfach nicht das Richtige für mich war. Damals wusste ich das noch nicht.

Eine gute Freundin von mir plante seit einer Weile, sich selbstständig zu machen. Sie läuft für ihr Leben gerne und wollte das zu ihrem Business machen. Sie wollte R den USA anbieten, mit dem Schwerpunkt „Laufen“ und wollte damit Menschen mit demselben Interesse vereinen. Doch aus unbestimmten Gründen hatte sie keine Energie, dieses Business neben ihrem Hauptjob aufzubauen.

Auf einmal kam ihr Kindheitstraum wieder in ihr hoch. Dafür war sie bereit, jegliche Energie aufzuwenden. Bei ihrer ersten Businessidee war ihr Herz nicht dabei, bei der zweiten aber schon. Es fühlt sich einfach anders an, einem Herzensprojekt nachzugehen. Es werden keine Ausreden mehr gesucht, sondern Herausforderungen gemeistert. Wenn es das Richtige ist, dann nehmen wir die Veränderung an.

Veränderungen kommen von innen

Bevor wir etwas nicht wirklich wollen, kann uns auch keiner helfen. Kein Ratgeber, kein Coach, kein Freund und auch nicht die Familie. Denn kein Mensch kann uns zu Veränderungen verhelfen, wenn wir es selbst nicht wollen.

Manche von uns melden sich vielleicht im Fitnessstudio an und glauben, dass es damit schon getan ist. Ich zum Beispiel. Einmal im Monat habe ich mich dorthin gezwungen, obwohl ich absolut keine Lust darauf hatte. Es war natürlich die reinste Geldverschwendung!

Andere wollen gerne reisen, sind aber nicht bereit, dafür mehr zu arbeiten, weniger Geld auszugeben oder ihre Prioritäten zu verschieben. Was letztendlich fehlt ist der Wille!

Veränderung tritt erst dann ein, wenn wir keine Ausreden mehr finden und wenn es sich richtig anfühlt. Denn wenn wir bereit sind, etwas zu verändern, dann werden wir es auch tun und unseren Fokus nur darauf ausrichten.

Natürlich müssen wir manchmal Unsicherheiten, Versagen und auch die Angst, enttäuscht zu werden, in Kauf nehmen. Ist uns dies schon zu anstrengend? Oder zu gefährlich? Macht es uns Angst, uns auf Neuland zu begeben?

Vielleicht lassen aber auch andere unsere Veränderungen nicht zu, weil sie einen Nachteil für sich selbst darin sehen. Oder sie sehen aufgrund ihrer eigenen Ängste zu viele Gefahren. Wenn wir zu sehr auf andere hören, dann entwickeln wir uns nur so weit, wie es andere zulassen.

Sind wir manchmal einfach nur zu stolz für Veränderungen? Fragen wir vielleicht nicht gerne nach, wenn wir etwas nicht verstanden haben oder geben Fehler nicht gerne zu? Stolz kann uns davon abhalten, etwas Neues zu wagen, weil wir fürchten, uns blamieren zu können.

Sicherlich wird es viele Herausforderungen auf dem Weg geben, die gemeistert werden wollen. Manchmal können es auch große Probleme sein, die sich vor uns auftürmen. Aber selbst dabei gilt es, immer wieder aufzustehen. Alles sofort hinzuwerfen kann nicht die Lösung sein.

Wenn wir etwas in unserem Leben verändern möchten, müssen wir es auch wollen. Lassen wir es also zu und blockieren wir uns nicht unnötig. Tun wir es, weil unser Herz es will und nicht, weil es uns andere sagen.

Der Übergang in ein neues Leben

In den letzten Monaten oder auch Jahren habe ich gelernt, dass der Übergang in ein neues Leben holprig und auch herausfordernd sein kann. Es gab Tage, an denen ich wirklich dachte: „Wozu all der Mist?“ Doch im tiefsten Inneren wusste ich einfach, dass alles gut werden würde. Viel besser als vorher und das war all die Verwirrung wert.

Ich kann verstehen, wenn man Scheu hat, einen solchen Schritt zu wagen. Veränderungen müssen aber nicht radikal verlaufen. Man muss nicht sofort den Job kündigen und sich in ein neues Leben stürzen, den Partner verlassen oder in ein fremdes Land ziehen. Wer aber das Gefühl hat, dies tun zu müssen, und auch den Mut dazu findet, der kann das natürlich machen.

Ich habe mich nicht von heute auf morgen getraut, mein komplettes Leben umzukrempeln. Zum einen ging es finanziell nicht und zum anderen war ich noch nicht bereit dazu. Zu viele Selbstzweifel waren noch da. Außerdem wusste ich noch nicht, wozu ich bestimmt war. Es kamen immer wieder unterschiedliche Ideen in mir hoch, doch keine davon fühlte sich richtig an.

Als ich mich schließlich entschied, eine andere Richtung einzuschlagen und auch mein Geld anders zu verdienen, war dies eben kein Ding, das von heute auf morgen geschah. Zunächst habe mit meinem Blog „Modern Hippie" mein erstes Geld nach über einem Jahr verdient. Es waren 80 Euro und ich war stolz wie Oskar über meinen ersten Verdienst. Doch bis ich davon leben konnte, verging noch eine ganze Weile. Das war aber okay, weil ich wusste, dass es passieren würde und ich einfach Spaß an der Sache hatte und auch heute noch habe.

Manchmal macht es absolut Sinn, vorerst in seinem alten Job zu bleiben und geduldig und dankbar zu sein. Dankbarkeit ist eine sehr mächtige Sache, die vieles für uns verändern kann. Dabei sollten wir diese Dankbarkeit auf jeden Lebensbereich übertragen. So kann sich unsere Einstellung ändern und so können wir uns schon jetzt fast so fühlen, als wären wir da, wo wir hinmöchten.

Bleiben wir in der Phase der Veränderung immer positiv, dankbar und geduldig!

Positiv bleiben

Es ist sicherlich nicht einfach, immer positiv zu bleiben. Es gibt Zeiten, in denen es schwer ist, das Positive zu sehen und für sein Leben dankbar zu sein. Manchmal scheint das Leben unfair und hart zu sein, doch in diesen Zeiten kommen die möglichen Erkenntnisse und die nötige Weiterentwicklung daher.

Wenn wir es dann schaffen, das Positive darin zu erkennen und daraus zu lernen, sind wir einen großen Schritt weiter. Wir wissen, dass wir nicht so einfach zerbrechen und genügend Stärke besitzen, den Sturm zu überstehen.

Am einfachsten ist es positiv zu bleiben, indem wir Dankbarkeit üben. Dankbarkeit für all die Dinge, die uns selbstverständlich zu sein erscheinen. Denn wir vergessen immer wieder, dass wir privilegiert sind. Wir haben ein Dach über dem Kopf, etwas zu essen, Kleidung und viele andere Dinge, die wir als ganz normal ansehen.

Klar, wir haben andere Probleme in der westlichen Welt. Wir haben Stress, Burnouts, Depressionen, sind täglich massig Chemikalien ausgesetzt, wollen immer mehr und enden im Konsumwahn, um die innere Leere zu betäuben.

Denken wir immer daran, dass nichts selbstverständlich ist. Wenn wir positiv denken, Dankbarkeit üben und nie vergessen, dass wir hier sind, um zu geben, dann verändert sich auch unsere innere Haltung.

„Jeden Tag erinnere ich mich hundert Mal daran,
dass mein inneres und äußeres Leben
von der Arbeit anderer, lebender und bereits
verstorbener Menschen abhängt und dass ich mich
bemühen muss, im gleichen Maße zu geben,
wie ich empfangen habe und immer noch empfange."

Albert Einstein

Geduldig sein

Wenn wir an unserer Geisteshaltung gearbeitet haben, dann heißt es geduldig bleiben. Geduld ist nicht immer einfach, doch es lohnt sich meist, warten zu können. Früher wollte ich auch immer alles, und zwar sofort. Doch es gibt einfach Dinge im Leben, die wir nur erreichen, wenn wir etwas dafür tun.

Während wir Schritte in Richtung Leidenschaft und Erfüllung gehen, ist es wichtig, alle negativen Gedanken beiseitezulegen, zu vertrauen und immer Positives zu manifestieren.

Jeder steckt mal fest

Kennst du das Gefühl, im Leben festzustecken? Nicht voranzukommen, obwohl du es eigentlich unbedingt willst? Du steckst einfach fest und weißt nicht, woran es liegt.

Ich kenne das Gefühl nur allzu gut. Letztes Jahr habe ich versucht, vorwärtszukommen und die Projekte, die mir sehr am Herz liegen, zu verwirklichen. Ich hing aber das komplette Jahr fest. Ich kam nicht wirklich voran, obwohl ich genau wusste, was ich wollte. Ich konnte ganz klar und deutlich sehen, was ich machen möchte und wusste, dass es gut werden würde. Aber es ging einfach nicht. Ich war blockiert.

Dieses Gefühl kannte ich schon aus der Vergangenheit. Auch damals kam ich nicht weiter. Doch da wusste ich im Gegensatz zu letztem Jahr nicht, was ich wollte. Diese Situation war zeitweise unerträglich für mich. Es dauerte damals Jahre, bis ich mich wieder vorwärts bewegen zu konnte. Das war dieses Mal zum Glück anders…

Denn_inzwischen bin ich wieder im Flow und es läuft. Meine Augen glänzen, wenn ich vor meinem Laptop oder Notizbuch sitze oder wenn ich anderen von meinen Ideen erzähle.

Die letzten zwei Wochen habe ich eigentlich nur geschrieben, gegessen und geschlafen. Aber es fühlte sich richtig an und die Worte wollten einfach raus. Es lief also komplett ohne Anstrengung.

Was hat mir geholfen, wieder in den Flow zu kommen?

Wenn wir nicht weiterkommen, bedeutet es, dass wir im Leben irgendwo angekommen sind, wo wir nicht sein möchten. Wir wissen vielleicht, wohin wir wollen, aber wir haben keine Ahnung, wie wir dorthin gelangen. Manchmal können wir uns auch einfach nicht mehr vorwärtsbewegen.

Ich lebe generell recht langsam. Das heißt, Prozesse in meinem Inneren verlaufen ebenfalls in einem langsamen Tempo. Denn ich durchlebe jeden einzelnen Schritt sehr intensiv. Daher entschied ich mich dazu, es ab einem gewissen Punkt einfach geschehen zu lassen. Ich akzeptierte, dass es gerade nicht vorwärtsgeht und verschwendete eine Zeit lang keine Gedanken mehr an mein Vorhaben. Ich hab mich stattdessen anderen Dingen gewidmet, die nicht so viel Zeit und Aufmerksamkeit beanspruchten. Oder auch Dingen, die mir keine Angst machten.

Meistens ist es nämlich schlicht und ergreifend die Angst, die uns nicht vorankommen lässt. Auch wenn sie oft in einem anderen Gewand daherkommt und schwer zu erkennen ist.

Wenn wir uns nicht vorwärtsbewegen und an derselben Stelle bleiben, sind wir scheinbar sicher. Doch diese Sicherheit lässt uns nicht wachsen und nicht dorthin kommen, wo wir gerne wären. Wenn wir aber wachsen möchten und unsere Träume real werden sollen, dann müssen wir loslassen und Risiken eingehen. Wir müssen uns auf das Ungewisse einlassen und uns und dem Leben vertrauen.

Vor welchem Schritt haben wir Angst?

Seien wir ehrlich zu uns. Im tiefsten Inneren wissen wir nämlich, wovor wir Angst haben.

Ist unsere Beziehung vielleicht schon längst am Ende und wir möchten es uns nicht eingestehen?

Fühlen wir uns zunehmend schlechter, weil wir keinen Sport treiben und uns schlecht ernähren und wir wollen es nicht ändern?

Ist es an der Zeit, den Job zu kündigen, an uns selbst zu glauben und das zu machen, was uns am Herzen liegt?

Sobald wir diese ehrliche Unterhaltung mit uns selbst führen, haben wir den ersten Schritt hinter uns und können den nächsten gehen. Das löst dann einen Prozess aus, der uns noch viele weitere Schritte gehen lässt und uns Schritt für Schritt dorthin führt, wo wir hinwollen.

Ich habe für mich gemerkt, dass ich Angst davor hatte, etwas Neues anzugehen und den nächsten Schritt zu wagen. Ich wollte mich lieber klein halten, da es dort gemütlich war. Außerdem gebe ich mit jedem Projekt und jedem weiteren Wort zu viel von mir preis. Dadurch werde ich verletzlicher und angreifbarer. Doch mein Gefühl sagte mir, dass ich weitermachen sollte. Die Zeit für Veränderungen und neue Herausforderungen war gekommen. Nur hatte ich einfach tierisch Schiss davor.

Die letzten Jahre waren voller Veränderungen. Deshalb wäre es schön gewesen, einfach mal stehen bleiben zu können. Doch es war nicht mein Gefühl, das stehen bleiben wollte, sondern mein Verstand. Und das ist ein riesengroßer Unterschied. Wenn wir spüren, dass wir eine Pause brauchen, dann müssen wir sie uns auch gönnen. Wenn wir aber merken, dass wir nur blockiert sind, dann ist es an der Zeit, uns mit unseren Ängsten auseinanderzusetzen.

Es gibt keine Garantien im Leben

Unser Leben ist voller Unsicherheiten, auch wenn wir uns das nicht eingestehen wollen. Wir hätten gerne eine Garantie und die Gewissheit, dass alles gut für uns verlaufen wird.

Wer aber seine Leidenschaft ausleben möchte, wird mit vielen Unsicherheiten konfrontiert werden. Ich sehe es als eine

Art Test: Bin ich bereit, in meine Macht zu treten und das zu tun, was ich tun sollte?

Wer bereit ist, aus seiner Komfortzone zu treten und die Extrameile zu gehen, der wird belohnt. Und diese kleine Extrameile ist so unglaublich wichtig, sonst könnte es sein, dass wir kurz vor dem Ziel aufgeben.

Wenn wir den Glauben an uns und unsere Leidenschaft nicht verlieren, dann wird es auch funktionieren. Doch werden wir an einige Herausforderungen stoßen, die zu meistern sind. Meistern wir sie, dann haben wir schon fast gewonnen. Natürlich bleibt es nicht nur bei diesen Herausforderungen, doch der wichtigste Part ist damit erledigt. Wir haben an uns geglaubt, auf unsere Intuition gehört und nicht auf unseren ängstlichen Verstand. Dadurch haben wir viel an Selbstvertrauen gewonnen.

Ab diesem Punkt wissen wir, dass wir viel mehr vermögen, als wir es jemals gedacht hätten. Und so eröffnen sich ganz neue Dimensionen für uns.

Jeder Mensch, der diesen Schritt gewagt hat, musste durch unsichere Zeiten gehen. Immer wieder wurde der Traum auf die Probe gestellt, um zu sehen, wer stark genug ist und wer nicht. Es erfordert nämlich Willenskraft und Stärke, aus der „Normalität" auszutreten und sich seine eigenen Regeln zu kreieren.

es so einfach wäre, dann würde jeder von uns seine Leidenschaft ausleben. Es ist eine absolute Traumvorstellung, doch leider traut sich nicht jeder.

Freiheit ist nicht für jedermann. Manche Menschen brauchen viele Vorgaben und Strukturen durch andere.

Wer aber dieses Buch liest, davon bin ich fest überzeugt, der gehört auch zu den Träumern, Spinnern, Weltverbesserern und hinterfragt den Status Quo.

Und ich bin fest davon überzeugt, dass es jeder schaffen kann und auch wird. Wir dürfen uns nur niemals von unserem Verstand beirren lassen.

Natürlich sollten der Verstand und die Intuition sich irgendwo in der Mitte treffen, doch oft werden unbegründete Ängste mit dem Verstand verwechselt. Es sind Stimmen in unserem Kopf, die sehr wenig mit echten Gefahren zu tun haben.

Akzeptieren wir die Unsicherheiten, die in uns aufkommen. Aber es ist wichtig, ein Gefühl dafür zu bekommen, welche Unsicherheiten real und welche vollkommen aus der Luft gegriffen sind.

Sobald wir Unsicherheiten und Herausforderungen nicht mehr als Hindernis ansehen, sondern als Test, verändert sich unsere Geisteshaltung. So gehen wir entspannter, aber auch zielgerichteter an die ganze Sache.

Wir werden im Leben so oft auf die Probe gestellt und genau in diesen Situationen zeigt sich, ob wir bereit sind oder nicht. Wenn wir nicht bereit sind, dann werden wir etwas tun, das uns wieder weiter von unserer Leidenschaft entfernt. Sind wir aber bereit, dann wissen wir, wann es an der Zeit ist, mutig zu sein und unsere Ängste hinter uns zu lassen.

Von klein auf wachsen wir mit vielen Regeln auf, uns werden Ängste vermittelt, die nicht alle real sind. Doch wir verinnerlichen diese Glaubenssätze und verstärken sie, wenn wir älter werden. Wir müssen uns also bewusst machen, dass einige Ängste antrainiert und nicht real sind. Sie fühlen sich real an, sie sind es aber nicht immer. Daher müssen wir genauer hinschauen.

Gehen wir einen Schritt weiter, als wir möchten, und wir werden Dinge erleben, die wir nicht für möglich gehalten haben. Das Universum unterstützt mutige Menschen mit den richtigen Intentionen. Und wie langweilig wäre es, wenn wir tatsächlich Garantien hätten und wüssten, wie alles verläuft! Das Leben wäre unglaublich eintönig und würde keine Überraschungen für uns bereithalten.

Ich bin sehr froh darüber, dass die Dinge für mich nicht immer so verlaufen sind, wie ich sie gerne gehabt hätte. Mein

Leben wäre oberflächlich geblieben, ich wäre weiterhin den falschen Dingen hinterhergelaufen, ich hätte mir nicht erlaubt, in meine Gefühlswelt einzutauchen und mich zu fragen, wer ich wirklich bin und was ich hier mache.

Perfektionismus ablegen

Kennst du Menschen, die immer alles perfekt planen, sehr strukturiert und auch klug vorgehen? Daran ist nichts auszusetzen, solange sie so ihre Ziele erreichen. Probleme entstehen aber, wenn Menschen zu perfektionistisch sind. Sie planen alles bis ins kleinste Detail, doch sie können letztlich nichts davon umsetzen – aus Angst, nicht gut genug zu sein.

Solche Ängste entstehen oft schon in der Schulzeit: durch Notengebung und Leistungsdruck. Dieses Leistungsdenken kann zu lebenslanger Frustration und zu Selbstzweifeln führen.

Natürlich haben wir alle den Wunsch, so gut wie möglich zu sein. Doch die Angst vor den Konsequenzen, wenn wir doch nicht gut genug sind, darf nicht überhandnehmen.

Perfektionismus ist mit einem starken Erfolgsdrang verknüpft. Doch gleichzeitig kann er genau das Gegenteil bewirken. Denn die Angst zu versagen kann dazu führen, dass wir aus purem Selbstschutz erst gar nicht beginnen, etwas zu tun, sondern unangenehme Aufgaben einfach verschieben.

Für mich ist Perfektionismus ein großer Kreativitätskiller. Nichts kann man dabei belassen, wie es ist. Immer wieder wird korrigiert, verbessert und an dem gezweifelt, was man erschaffen hat. Immer wieder alles zu perfektionieren, könnte aber auch ein Anzeichen dafür sein, dass die Angst präsenter ist, als man es vielleicht wahrnimmt. Perfektionismus lässt unsere Kreationen, Ideen und Projekte oftmals nicht das Licht der Welt erblicken. Sie könnten ja nicht gut genug sein oder jemand könnte sie kritisieren. Mit dieser Einstellung wird es aber nie gut genug sein.

Ich habe bei meinem ersten Buch meinen Perfektionismus komplett beiseitegelegt. Okay, vielleicht bin ich auch gar nicht der perfektionistische Typ. Ich erlaube mir Fehler, denn ich weiß, dass es menschlich ist und nur meinen Flow stoppt. Vielleicht wäre ich im Nachhinein froh gewesen, wenn ich ein paar Dinge anders gemacht hätte. Hätte ich aber all die Punkte damals schon beachtet, wäre ich abgeschreckt gewesen und mein Buch wäre vielleicht nie veröffentlicht worden. Für mich ist es vollkommen in Ordnung, unperfekt zu sein. Wir sind ja auch nicht hier, um alles perfekt zu machen. Stattdessen können wir unsere Ideen nach und nach verbessern und aus Fehlern lernen. Unsere erste Kreation muss aber nicht das Maß aller Dinge sein. Viel wichtiger ist es, etwas zu Ende zu bringen und andere daran teilhaben zu lassen. Und selbst wenn uns andere kritisieren – das gehört eben dazu! Wie viel Kritik ich schon einstecken musste und dann auch immer wieder an mir gezweifelt habe! Doch zum Glück kommt mehr Zuspruch als Kritik. Und das stärkt mich dann immer wieder. Also: Wenn wir wirklich einmal kritisiert werden, dann dürfen wir es nicht zu persönlich nehmen und als Rückschlag oder Versagen ansehen. Jeder von uns wurde schon kritisiert und hat es überlebt. Vielleicht schaffen wir es ja sogar, mit Kritik konstruktiv umzugehen und sie als Chance ansehen, etwas daraus zu lernen.

Bei Perfektionisten besteht die Gefahr, dass sie Risiken aus dem Weg gehen und das kann dazu führen, dass sie ihre eigene Kreativität und ihre innovativen Ideen blockieren. Wenn nämlich nur Erfolg oder Versagen existiert, kann es leichter sein, Herausforderungen zu vermeiden, wenn sie zu riskant erscheinen.

Perfektionismus schützt letztlich nur davor, sich verletzlich zu zeigen. Sich so zu zeigen, wie man eigentlich ist. Wer allzu große Angst vor Ablehnung und Versagen hat, dem fällt es schwer, sich so zeigen wie er ist – nämlich angreifbar, dafür aber echt.

Öffnen wir uns! Zeigen wir anderen, wer wir sind, wofür wir stehen und wie es in uns aussieht. Wir müssen nicht immer stark sein und unsere Emotionen kontrollieren. Erzählen wir anderen von unseren Ängsten, Unsicherheiten und Enttäuschungen. Seien wir einfach menschlich!

Niemand ist perfekt!

Unter einer harten und perfekten Schale verstecken sich oft Schuld und Scham. Perfektionismus hat nicht unbedingt etwas mit Exzellenz zu tun oder mit gesunder Strebsamkeit. Vielleicht steckt dahinter eher folgende Denkweise: „Wenn ich perfekt arbeite, perfekt aussehe und perfekt lebe, dann kann ich Scham, Vorwürfen und Verurteilungen anderer aus dem Weg gehen."

Doch ich finde es besser, anderen zu zeigen, wer man ist. Seien wir authentisch und legen wir den Selbstschutz ab, den wir uns über Jahre antrainiert haben, nur um Enttäuschungen zu vermeiden. Zeigen wir uns verletzlich, denn das macht uns authentisch und auch schön!

Perfektionismus hat auch noch eine andere, sehr unschöne Seite. Einige Perfektionisten neigen dazu, andere zu verurteilen. Denn sie können Dinge bei anderen nicht akzeptieren, die sie an sich selbst ablehnen. Das kann manchmal schon fast diskriminierende Züge annehmen. Dabei wird oft das Gefühl, nicht gut genug zu sein, einfach an andere weitergegeben. Wer aber weniger hart zu sich selbst ist, der kann auch anderen tolerant entgegentreten.

Hören wir also bitte, bitte auf, Fehler bei uns und anderen zu suchen. Egal, ob es darum geht, fünf Minuten zu spät zu kommen, die Kekse zu lange im Ofen zu lassen oder den Flieger zu verpassen. Sicher, man kann sich über solche Dinge aufregen, man kann es aber auch sein lassen. Denn: Keiner ist perfekt. An jedem von uns gibt es etwas auszusetzen.

Auf den nächsten Seiten werde ich darauf noch einmal zurückkommen. Doch zunächst geht es mir um die Frage:

Sabotieren wir uns selbst?

Wer kennt sie nicht, die Stimmen im Kopf, die uns sagen, dass wir nicht gut genug sind, es nicht verdient haben oder zu wenig können. Die uns Dinge weismachen wollen, die einfach nicht stimmen. Damit sabotieren wir uns nur selbst. Denn jeder von uns ist besonders und jeder bringt eine Gabe mit sich.

Manchmal werden wir aber auch durch andere Menschen sabotiert. Das ist natürlich nicht förderlich für unseren Prozess, doch oft geschieht dies ganz automatisch durch bestimmte Denkmuster.

Wenn wir klein sind, wird uns beigebracht, dass wir noch viel lernen müssen. Wir können noch nichts und es wird auch noch lange dauern, bis wir etwas können. Erst nach einem Schul- oder sogar Universitätsabschluss gelten wir als irgendwer. Als wären wir vorher noch grün hinter den Ohren.

Wenn wir eines Tages Schritte in Richtung Selbstständigkeit machen, dann kann es sein, dass es Menschen in unserem nahen Umfeld erschreckt. Sie können nicht loslassen und haben Angst, uns zu verlieren. Den eigenen Weg zu gehen bedeutet nämlich häufig, sich vom alten Leben zu verabschieden und Veränderungen zuzulassen. Und dies kann bedeuten, dass ein Umzug in eine andere Stadt oder auch ein anderes Land nötig ist. Mit der Veränderung erweitert sich auch der Horizont. Jeder entwickelt sich anders und da kann es sein, dass plötzlich gemeinsame Gesprächsthemen fehlen.

Und natürlich kann dies angsteinflößend sein. Vielleicht kann dies auch dazu führen, dass unsere Träume angezweifelt werden. Aus Angst uns zu verlieren, wird uns dann gesagt:

„Künstler verdienen kein Geld."

„Du hast doch keine Ahnung davon."

„Du kannst deinen sicheren Job doch nicht für so ein Hirngespinst aufgeben."

„Das ist viel zu gefährlich."

Solche oder andere Aussagen dürften jedem bekannt vorkommen. Vielleicht hat sich damit der Traum vorerst schon erledigt.

Wer aber stark genug ist, der weiß, dass da etwas anderes auf einen wartet. Es ist das Risiko wert, einen neuen Weg einzuschlagen. Wir können die Stimmen ja wahrnehmen, uns bedanken und dennoch das machen, was wir für das Richtige halten.

Letztlich geht es nicht darum, jemandem zu schaden. Manchmal handelt es sich einfach nur um eine komplett andere Auffassung vom Leben. Jeder hat seine eigenen Muster und Vorstellungen, denen er folgt. Und es macht anderen Menschen vielleicht Angst, wenn sie von uns in Frage gestellt werden durch das, was wir denken und tun. Das kann wiederum zu Unzufriedenheiten führen und den Wunsch wecken, das eigene Leben zu verändern. Doch dies würde zu viele Unsicherheiten mit sich bringen. Da wäre es doch einfacher, alles zu belassen, wie es ist. Und so könnte es sein, dass andere Menschen deshalb versuchen, uns in unserer Box zu belassen. All dies passiert natürlich unbewusst und hat nichts damit zu tun, dass uns niemand unterstützen möchte oder es uns nicht gönnt. Wir müssen nur erkennen, dass auch dieses Verhalten anderer uns sabotieren kann und uns davon abhält, das zu tun, was für uns richtig wäre.

Doch das größte Problem ist die Selbstsabotage. Nichts können wir besser, als uns einzureden, dass wir etwas nicht können oder einfach nicht genug für etwas sind. Und warum sollten ausgerechnet wir unsere Leidenschaft ausleben, wenn es kaum jemand in unserem Umfeld tut?

Doch irgendwann kommt der Moment, in dem wir mutig sind. Wir machen Schritte in die richtige Richtung. Wir sind stolz auf uns und fühlen uns lebendig. Wir gehen weiter und es fühlt sich richtig an. Plötzlich sind wir fast da. Dann bekommen wir vielleicht Angst und stehen uns selbst im Weg. Denn vielleicht ist die Angst einfach zu groß und siegt. So könnte es laufen. Das wird es aber nicht, wenn man weiß, dass man es wert ist und die störenden Stimmen letztlich nur ein Gedankenkonstrukt sind. Nichts weiter.

Bedanken wir uns einfach bei unserer Familie und unseren Freunden für ihre Sorgen und Kritik und gehen dennoch unseren Weg.

Kapitel 2

Let Go II

Noch mehr Loslassen

Jeder hat mal einen Mindfuck

Jeder von uns hat mal Momente, in denen negative Stimmen in unserem Kopf zu laut werden, das Wesentliche übertönt wird und wir dadurch wie fremdbestimmt handeln. Wir könnten machen, was unser Herz uns sagt oder besser zuschreit, doch die Stimmen im Kopf rauben uns das Vertrauen in uns selbst.

Was passiert, wenn du etwas unbedingt möchtest, etwas in dir aber sagt, dass du es weder kannst noch verdient hast noch gut genug dafür bist? Dann wirst du schlicht und ergreifend verarscht. Und zwar von diesen negativen Stimmen in deinem Kopf.

Viele an sich intelligente Menschen fallen diesen Stimmen zum Opfer. Manche haben sogar den Eindruck, dass sie gar keine Macht über diese Stimmen haben. In dem Moment, in dem sie sich dazu entscheiden, ihnen so viel Macht zu geben, haben sie auch schon verloren!

„Die einzigen wirklichen Feinde eines Menschen sind seine eigenen negativen Gedanken.“

— Albert Einstein

Auf der einen Seite ärgern wir uns über die Stimmen in unserem Kopf, auf der anderen Seite agieren wir manchmal wie Marionetten und befolgen ihre Anweisungen.

In dem Moment, in dem wir aber realisieren, dass diese Stimmen lenkbar sind und nicht unser wahres Ich, kann sich alles für uns ändern. Wir wissen, dass wir diese störenden Stimmen beobachten, lenken und auch teilweise abschalten können.

Wenn wir dann schon so weit sind und zwischen ihnen und unserem wahren Ich zu unterscheiden, wäre es dann nicht viel klüger, auf unser Gefühl zu hören? Die störenden Gedanken können wir dann einfach nur beobachten und sie ziehen lassen.

Manchmal erschaffen wir selbst Ängste, die absolut keinen Sinn ergeben. Scheinbar aus Langeweile. Indem wir aber jeden Tag diese ungesunden Gedanken nähren, kann ein Teufelskreis entstehen.

Was wäre nun, wenn wir diesen Kreis durchbrechen könnten? Wollen wir das überhaupt? Oder finden wir es angenehm, so eingeschränkt zu sein und uns nicht weiterentwickeln zu können? Wollen wir es uns nicht lieber in unserer Komfortzone gemütlich machen?

Wir wissen ganz genau, dass viel Neues auf uns wartet, wenn wir diesen Kreis durchbrechen. All die Dinge, die wir vorher gemieden haben, stehen uns nun offen. Das bedeutet natürlich auch, dass sich dadurch unser ganzes Leben verändern kann. Nein, es wird sich dadurch definitiv verändern. Es wird nämlich wider Erwarten plötzlich leicht und unbeschwert. Denn viele Hindernisse und Probleme lösen sich in Luft auf.

Störende Gedanken erkennen

Angenommen, wir wollen uns unbedingt auf einen absoluten Traumjob bewerben, doch plötzlich sagt uns eine kritische Stimme: „Vergiss es, dafür bist du eh nicht gut genug."

Oder: Wir haben einen tollen Mann getroffen und würden ihn gerne besser kennenlernen. Wir würden ihn gerne noch einmal treffen, aber eine Stimme sagt uns, dass es eh keinen Sinn macht.

Wir würden so gerne fremde Länder bereisen, aber statt Wege zu suchen, finden wir nur Ausreden. Diese störenden Gedanken halten uns klein. Sie kommen in Form von Selbstzweifeln und Angst daher und halten uns gefangen. Vielleicht kann man es, als eine Art mentales Gefängnis beschreiben. Sich zu befreien ist nicht einfach, aber es ist auch kein Hexenwerk!

Wie können wir uns wehren?

Beobachten wir unsere Gedanken ganz bewusst. Sobald uns das gelingt, haben wir schon sehr viel Macht gewonnen. Ab diesem Punkt liegt es an uns, wie viel Bedeutung wir diesem Lärm in unserem Kopf geben.

Regen wir uns darüber auf, dann bestärken wir die Gedanken nur noch mehr. Es ähnelt ein wenig der Meditation. Solange man die ganze Zeit darauf fixiert ist, nichts zu denken und man sich über jeden einzelnen Gedanken aufregt, passiert genau das Gegenteil davon.

Deswegen: Beobachten wir unsere Gedanken und lachen wir darüber. Denn wir sind stärker. Wir sind der Chef unserer Gedanken.

Ich kann mich noch heute an eine Situation auf der Autobahn erinnern. Es ist etwa drei Jahre her, als ich von Düsseldorf ins Ruhrgebiet fuhr und plötzlich Angst in mir hochkam. Ich hatte mit einem Mal Angst davor, auf der Autobahn zu fahren. Vor zehn Jahren war ich mal in einen Unfall auf der Autobahn verwickelt. Er war schlimm, doch ich dachte, ich hätte ihn verarbeitet. Als diese ängstlichen Gedanken nun in mir hochkamen, erschreckte ich mich im ersten Moment, doch dann wurde mir bewusst, dass sie wieder Spielchen mit mir spielen wollten. Ich entschied, dass die Stimme an mir vorbeiziehen darf und fuhr ohne diese Gedanken weiter.

Manchmal können wir auch einfach das Gegenteil von dem tun, was uns diese Stimmen sagen. Wenn wir den dringenden Wunsch oder das eindeutige Gefühl haben, etwas Bestimmtes tun zu wollen, ängstliche Stimmen uns aber davon abraten, dann sollten wir es trotzdem tun. Überwinden wir uns, obwohl uns „die Vernunft“ etwas anderes sagt.

Am besten tun wir das immer mal wieder. Durch diese neuen Erfahrungen, die wir dann sammeln, werden wir den Kreis dann früher oder später durchbrechen. Wenn wir es nicht tun, könnte unser Leben recht langweilig werden, da wir sehr eingeschränkt und fremdgesteuert wären. Und für Menschen, die sich schnell langweilen ist es eh unerlässlich, sich von störenden Gedanken zu verabschieden.

Sobald wir uns davon nicht mehr beeinflussen lassen, verlieren diese Gedanken immer mehr an Macht. Im Gegenzug gewinnen wir immer mehr Bewusstsein über die Dinge, die wir wirklich in unserem Leben haben möchten. Denn dann können wir endlich wieder auf unsere Intuition hören, die etwas leiser und sanfter daherkommt als dieser störende Lärm im Kopf.

Wer will schon NORMAL sein?

Viele Menschen haben Angst vor Dingen, die sie nicht kennen oder die nicht der Norm entsprechen. Da wir alle nach Zusammengehörigkeit suchen, passen wir uns oft gezwungenermaßen an. Die Angst vor Ablehnung ist einfach viel zu groß.

Ich kenne es von mir selbst, dass ich nicht mit allen Menschen offen und ehrlich reden kann. Jeder hat ein anderes Bewusstsein und andere Ansichten.

Von Freunden weiß ich, was in ihnen vorgeht, weil wir offen miteinander reden können, ganz ohne Scham. Doch manchmal gestehen sie, dass sie bestimmte Dinge anderen nicht erzählen würden, aus Angst für verrückt erklärt zu werden. Die Angst ausgeschlossen zu werden ist einfach zu groß. Wie anstrengend ist es aber bitte, sich immer verstellen zu müssen und sich nicht so zeigen zu können, wie man in Wirklichkeit ist?

Natürlich hat jeder eine andere Wahrnehmung. Und was für den einen verrückt scheint, kann für den anderen ganz normal sein. Ich erlebe aber immer wieder, dass Menschen, die außerhalb der Norm leben, entweder als realitätsfern, versponnen oder egoistisch bezeichnet werden. Natürlich will keiner so betitelt werden. Doch oft geschieht dies ebenfalls aus Angst. Denn Menschen, die außerhalb der Norm leben, bringen die scheinbare Sicherheit der „Normalen" ins Wanken.

Vielleicht sind es nur die Verrückten, die ihre Träume leben und sie sind dadurch auf einem ganz anderen Level unterwegs. Denn Begrenzungen verschwimmen und lösen sich auf. Viele Dichter, Maler, Musiker oder Künstler im Allgemeinen gelten als verrückt. Sobald sie ihre Passion ausleben, begeben sie sich in eine andere Dimension.

Sie akzeptieren den Status Quo nicht. Zu recht. Sie wollen mehr und suchen danach. Sie glauben an eine höhere Macht, die alles lenkt und ihnen Inspiration und Kreativität schenkt. Sie haben einfach weniger Begrenzungen.

Außergewöhnlich Gutes wird selten von Menschen geleistet, die allen Trends folgen und Wert auf landläufige Meinungen legen.

Warum auch nicht an all das glauben, was nicht widerlegt wurde? Ist es nicht beschränkt, nur an das zu glauben, was man kennt und sich sicher anfühlt? Es gibt da draußen noch so viel mehr, was wir nicht erklären können und für uns ein Mysterium ist.

"Because in the end, you won't remember the time you spend working in the office or mowing your lawn. Climb that goddamn mountain."

— Jack Kerouac

Jeder ist frei in seiner Entscheidung. Wenn wir glauben, wir müssten gesellschaftlichen Maßstäben folgen, dann liegt das an unseren Gedanken. Und Gedanken sind frei. Also steht es auch jedem Menschen frei, umzudenken und Verrücktes zu tun.

Unserer Natur folgen

Immer auf Nummer sicher zu gehen, lässt unser Leben monoton werden. Das Herz schlägt nur selten höher, wenn wir nicht das erleben, was wir gerne erleben würden. Dasselbe passiert, wenn wir zu viel auf andere hören und uns nicht die Freiheit geben, wir selbst zu sein. Verzichten wir auf bestimmte Dinge, nur weil es andere nicht wollen oder weil wir Angst haben, dass andere uns verurteilen? Dann ist es an der Zeit auszubrechen.

Die Komfortzone ist bei manchen groß und bei anderen recht klein. Aber wirklich aufregend ist nur das, was außerhalb dieser Zone liegt. Für jeden ist es etwas anderes. Leben wir nach unseren eigenen Grundsätzen und schränken wir uns selbst nie zu sehr ein. Nehmen wir uns die Freiheit, wir selbst zu sein!

Seien wir verrückt und halten uns nicht zurück. Riskieren wir auch mal was – auch wenn wir als Verlierer dastehen. Dann waren wir wenigstens mutig und haben es versucht. Selbst das Gefühl reicht oftmals schon aus, um immer wieder etwas zu riskieren und dann auch zu gewinnen.

Lieben wir so, dass es wehtut. Lassen wir die Mauern um uns herum fallen. Denn nur, wenn wir uns emotional ausziehen, können wir dasselbe zurückbekommen. Es ist zu schade, Dinge im Nachhinein zu bereuen und sich hinter einer Maske zu verstecken.

Es ist doch oft so. Entweder ist man voll und ganz bei der Sache oder man lässt es lieber gleich bleiben. Für Halbherzigkeit ist das Leben zu kurz.

Lassen wir alles, was uns ausbremst und belastet, hinter uns und folgen wir unserer wahren Natur.

Jeder von uns ist anders, hat andere Träume, Wünsche und Hoffnungen.

Folge wir unserem Gefühl – es weiß, was für uns richtig ist.

Laufen wir nicht jedem Trend hinterher. Tun wir das, was wir wollen – unabhängig davon, was andere davon halten.

Seien wir immer uns selbst treu.

Nehmen wir uns die Freiheit, wir selbst zu sein.

Seien wir spontan und kreativ – denn genau das haben wir in unserer Gesellschaft verlernt.

Erschaffen wir und drücken wir das aus, was wir sein möchten.

Denn Freiheit spielt sich im eigenen Denken und Fühlen ab.

Wenn uns Sicherheiten und eine gute Bildung wichtig sind und unser wahres Ich widerspiegeln, dann sollten wir diesem Weg folgen. Wenn wir aber eher ein Wildfang sind, der nicht an Sicherheiten glaubt, gerne immer wieder Neues erleben und dies auch im Job ausleben möchten, dann tun wir das!

Tun wir das, was unserer Natur entspricht.

Entdecken wir, wer wir wirklich sind und zeigen wir es der Welt auch. Wir haben die Möglichkeit, das zu tun und die Person zu sein, die wir sein wollen. Warum also Zeit verschwenden und jemand sein, der wir in Wirklichkeit gar nicht sind?

„Die Normalität ist eine gepflasterte Straße; man kann gut darauf gehen – doch es wachsen keine Blumen auf ihr."

Vincent van Gogh

Verschwenden wir unser Leben nicht.

Folgen wir unserer Natur.

Lassen wir unsere innere Stimme lauter sein, als die Stimmen anderer.

Und denken wir immer daran: Menschen haben gesellschaftliche Regeln erstellt. Wenn wir ihnen nicht folgen wollen, dann stellen wir scheinbar eine Gefahr für sie dar, denn sie können uns nicht verstehen. Und viele Menschen haben Angst vor Dingen, die sie nicht verstehen. Seien wir also stark genug und lassen wir uns nicht von dem verunsichern, was andere von unseren Ideen halten.

Verstellen wir uns nicht, um anderen zu gefallen

Wir alle wollen Anerkennung und wir wollen von anderen gesehen werden. Das ist ganz natürlich, kann aber bei zu extremem Ausmaß sehr ungesund werden. Denn ab diesem Punkt suchen wir im Außen, statt im Innen. Und wenn das passiert, fühlt es sich in uns leer an. Dies wird dann vielleicht über Konsum, unechte Freundschaften oder Beziehungen betäubt. Doch diese äußeren Stimulationen sind nur von kurzer Dauer. Wenn die Anerkennung durch andere zu wichtig wird, fangen wir an, uns zu verstellen. Wir sind dann nicht mehr wir selbst und wir haben Verbindungen zu Menschen, die unser wahres Ich gar nicht kennen.

Selbst wenn wir uns von Anfang an nicht bewusst darüber sind, kommt ab einem gewissen Punkt unser Gefühl ins Spiel und das sagt uns, was richtig und was falsch ist. Und wenn wir von den falschen Menschen umgeben sind, wird unser Gefühl schnell Alarm schlagen.

Wir müssen nur das, was sich richtig für uns anfühlt. Wir sind zwar alle aus derselben Materie gemacht und auch sind wir alle miteinander verbunden, dennoch sind wir komplett verschieden. Suchen wir also nicht nach falschen Verbindungen. Wenn uns etwas nicht zusagt, dann gibt es auch einen Grund dafür. Unser Gefühl, unsere Intuition und Individualität mögen es einfach nicht. Und das ist auch vollkommen okay. Nein, eigentlich ist es ziemlich gut, sonst wären wir alle gleich. Facettenreiche Persönlichkeiten machen unser Dasein aus.

Unechte Verbindungen erkennen

Sagt uns jemand, dass wir dies oder jenes an uns ändern sollten, damit wir mehr so sind, wie uns die andere Person gerne hätte?

Denken wir darüber nach.

Horchen wir in uns hinein.

Sind wir das?

Wollen wir das?

Was sagt unsere Intuition?

Was für den einen richtig ist, kann für den anderen falsch sein. Übernehmen wir also nicht einfach so die Meinungen und Ratschläge anderer. Sie entspringen ihren Gedanken und ihren Vorstellungen. Es ist ihre Realität und nicht unsere. Wenn andere uns gerne verändern würden, dann lieben sie einfach nur die Vorstellung von der Person, die wir sein könnten. Natürlich schadet es nicht, an sich selbst zu arbeiten. Aber es muss durch den eigenen inneren Impuls kommen und nicht durch andere.

in Mensch uns nicht schätzen kann, so wie wir sind, dann ist es kein richtiger Freund, sondern einfach nur jemand, der unseren Weg kreuzt, um uns zu zeigen, wer wir sind und was wir wollen. Menschen, die uns lieben, werden uns sagen, was sie verletzt und stört. Dennoch sind sie da – trotz unserer Makel.

Eigene Entscheidungen treffen

Ablehnung durch andere Personen zu erfahren, kann auch ein Segen sein. Warum sollten wir uns nach Personen richten, die uns nicht so akzeptieren können, wie wir sind – mit Stärken und mit Schwächen? Wir alle tragen Licht und Schatten in uns. Jemand, der uns mit seinem Herzen nicht zu schätzen weiß, kann gehen und ist auch kein Verlust. Es ist nie eine Tragödie, von jemandem abgelehnt zu werden, der uns nicht so will, wie wir nun einmal sind. Egal, ob es sich um Freundschaften, Beziehungen oder um Berufliches handelt.

Sagen wir Danke zu dieser Erfahrung und schwimmen wir weiter im Strom des Lebens.

Sobald wir diese Entscheidung treffen, betreten die richtigen Menschen unser Leben von ganz allein.

Wir haben genug Fakes auf diesem Planeten. Reihen wir uns dort nicht ein, sondern seien wir, wer wir wirklich sind.

Sagen wir, was wir wirklich denken und tun wir, was wir wirklich wollen.

Geben wir uns die Freiheit, wir selbst zu sein.

Wir bestimmen unsere Limits

Als ich mit Yoga anfing, habe ich bewundert, wie andere Yogis sich verrenken konnten und so mutig in manchen Yogaposen waren.

Ich meine – wenn man sich den Kopfstand oder andere fast schon akrobatischen Posen anschaut – da kann einem ja fast schlecht werden!

„Wie zur Hölle machen die das nur?", dachte ich mir jedes Mal. Nachdem ich eine Weile Yoga praktiziert habe und ich mich schon wieder der Mut verließ, den Kopfstand auszuprobieren, kam die Yogalehrerin zu mir und meinte nur: „Trau dich". Ich dachte mir in diesem Moment nur „Nee, so gut bin ich noch nicht" und schüttelte einfach nur mit dem Kopf. Doch irgendwann später fasste ich mir ein Herz und probierte es aus. Und wider Erwarten war es gar nicht so kompliziert. Ab diesem Moment hat sich meine Attitude geändert und der Kopfstand wurde zu meiner Lieblingspose.

Yoga ist ein perfektes Beispiel dafür, wie negative Gedanken uns manipulieren und klein halten können. Jede Yogaklasse empfinde ich nämlich anders. Und genauso sieht es dann auch in meinem Kopf aus.

Und das ist genau das, was wir in unserem Leben machen müssen. Es ist egal, wer wir sind oder wie alt, was wir erlebt haben und was uns andere Menschen einzureden versuchen. Wenn wir wissen, dass es keine Imitationen gibt und wir dazu in der Lage sind, alte Denkmuster aufzulösen, dann können wir diese Gedanken hinter uns lassen. Sie sind nicht unser wahres Ich, sondern nur etwas über die Jahre und durch die Gesellschaft Antrainiertes.

Wir können all das, worauf wir unseren Fokus legen. Doch dann kommen andere Menschen und erzählen uns, dass dies oder jenes gar nicht möglich sei. Auch aus ihnen sprechen nur begrenzte Vorstellungen, die sie sich über Jahre antrainiert haben und die sie dann auf uns übertragen wollen. Doch so würden wir in dem Moment das Land der unendlichen Möglichkeiten verlassen und uns in Begrenzungen wiederfinden, die nicht für uns bestimmt waren.

Viele werden so erzogen, dass sie in die Gesellschaft passen: einfach das zu tun, was andere sagen und schön der Masse zu folgen. Und so nimmt man all die falschen Ideen für sich an. Denn viele haben die Tendenz, anderen zu glauben und Dinge einfach nachzumachen.

Unsere Gesellschaft scheint uns vorzugeben, we
durch das, was wir haben, was wir machen und
Menschen über uns denken. Doch auf diese Weise steht jeder für sich allein, getrennt von anderen und getrennt von unserem wahren Ich.

Sind wir wirklich das, was wir besitzen: das Haus, das Diplom, die Klamotten, der Partner? Was passiert aber, wenn all die Dinge weg sind? Wer sind wir dann? Haben wir dann keine Werte mehr und wissen nicht, wer wir sind? Was ist, wenn wir in fünf Jahren nicht mehr das machen können, was wir heute machen? Existieren wir dann nicht mehr?

Dann müssen wir uns neu erfinden und Ufer betreten, die wir nicht kennen. Unser Bewusstsein wird dann ausgedehnt und die Karten neu gemischt.

Ich habe in den letzten Jahren so viele wundervolle Menschen getroffen und deren Geschichten gehört. Und ich habe festgestellt: Je weniger begrenzt sie waren, desto verrückter und farbenfroher war ihr Leben. Wenn wir Begrenzungen beiseitelegen, können wir kreieren, was auch immer wir wollen.

Anita, eine inzwischen gute Freundin von mir, hat all ihr Hab und Gut in Schottland verkauft, sich von ihrem langjährigen Partner getrennt und ist auf Weltreise gegangen. Auf unbestimmte Zeit. Ihr Leben war vorher nicht schlecht und ihre Beziehung war liebevoll, doch das Verlangen nach

Freiheit war einfach größer. Inzwischen lebt sie auf Bali und bereut ihre Entscheidung nicht. Sie ist glücklich und macht das, was sie machen möchte.

Oder Tanja, die in Essen eine Yogaschule und Praxis für Psychotherapie besaß, hat sich entschieden, alles hinter sich zu lassen, um in die große weite Welt zu ziehen. Inzwischen hat sie ein Online Business aufgebaut und hat einen indonesischen Partner.

Ein extremes Beispiel ist Corame, der Bali, Thailand und Ibiza sein Zuhause nennt. Corame ist Ende Sechzig und ist laut Pass niederländischer Staatsbürger. Er war in seinen jungen Jahren ein erfolgreicher Geschäftsmann und Millionär, der in Monaco lebte. Geld und Ruhm waren ihm sehr wichtig. Doch dann traf ihn das Schicksal hart, woraufhin er sich auf die Suche nach mehr Sinn begab. Sieben Jahre suchte er sich selbst auf dem Himalaya, in Südostasien und Indien. Seitdem hat er es sich zur Aufgabe gemacht, diverse Hilfsorganisationen für Kinder zu unterstützen.

Wir sind im Leben genau dort, wo wir sein wollen

Ich gehe davon aus, dass jeder, der dieses Buch liest, auch zu den Menschen gehört, die an sich arbeiten.

Manchmal aber kann das „an sich Arbeiten" und Heilen auch extreme Ausmaße annehmen. Selbst nach jahrelanger Arbeit fühlen wir uns nicht gut genug und es gibt noch immer so viel zu heilen. Und ja, es wird immer etwas zu heilen geben. Wir sollten dies einfach akzeptieren und dennoch das Leben genießen können.

Ich beispielsweise habe ab einem gewissen Punkt meinen Fokus auf zwei bestimmte Dinge gerichtet, die ich heilen wollte. Das waren meine fehlende Selbstliebe und ungesunde Beziehungen. Ich war nur darauf fixiert, statt all das zu sehen und zu genießen, das ich hatte. Es spricht nichts dagegen, an seinen Baustellen zu arbeiten. Doch es ist fatal, seinen Fokus nur auf die Baustellen auszurichten.

Und exakt genauso ist es bei vielen anderen Menschen auch. Sie suchen und suchen und glauben, dass sie so, wie sie im Moment sind, noch nicht perfekt sind. Ab einem gewissen Punkt ist die Heilung aber abgeschlossen und wir müssen in unsere Macht treten und das tun, was wir tun wollen oder wofür wir hier sind.

Solange wir uns auf unsere Heilung konzentrieren, geht es die ganze Zeit um den wunden Punkt und nicht um die Liebe und die Macht, die wir über uns und unser Leben haben.

So halten wir uns selbst klein. Wir trauen uns nicht, uns unsere Macht einzugestehen und diese in die Welt hinauszutragen und sie mit anderen zu teilen. Wir können in dieser Zeit unsere Perfektion nicht wahrnehmen, weil unsere Wahrnehmung ja genau mit dem Gegenteil davon beschäftigt ist.

Unsere Essenz bleibt aber immer dieselbe und verändert sich durch zwanzig weitere Heilsitzungen und fünf neue Selbsthilfebücher nicht. Wir signalisieren so nur, dass uns etwas fehlt. Dabei fehlt uns aber gar nichts. Wir sind jetzt schon perfekt, genauso wie wir gerade sind.

Wir neigen immer dazu, nach Perfektion zu streben und Fehler zu finden, die wir auslöschen wollen. Was ist, wenn es aber gar nichts mehr auszulöschen gibt? Was ist, wenn wir uns in der Rolle des verletzten Wesens wohl fühlen und es deshalb fortführen?

Alles ändert sich mit unserer Entscheidung, dass wir ganz genau so sind, wie wir sein sollten.

Akzeptanz ist die beste Heilung von allen. Lieben wir also unsere Imperfektionen und begeben uns aufs nächste Level.

Auf dem nächsten Level tun wir nämlich genau das, was wir tun möchten, es aber aufgrund unserer bisherigen Denkweise nicht zugelassen haben. Unser Leben beginnt sich erst dann wirklich zu verändern, wenn wir unsere Komfortzone verlassen und neue Schritte wagen.

Erst wenn wir in Aktion treten, werden wir selbstsicherer, und so erhält unsere Entwicklung einen ordentlichen Schubs. Nichts gegen den Heilungsprozess, den viele von uns benötigen – ich habe selbst viel Yoga benötigt, viel meditiert, Heilungen erhalten und zig Bücher gelesen…

Aber ab einem gewissen Punkt reicht es dann auch. Sonst verläuft unser ganzes Leben so und wir übergeben die Verantwortung für unser Leben unseren Wunden, statt unserem Licht.

Und wie wir alle wissen, ziehen wir genau das an, was wir denken und fühlen.

Daher sollten wir Gedanken kreieren, die uns dahin bringen, wo wir sein möchten. Sonst geschieht vielleicht das Gegenteil.

In den Spiegel schauen

Manche Menschen irritieren uns. Oder vielleicht machen sie uns sogar richtig wütend. Vielleicht fangen wir dann an, andere für ihre Verhaltensweisen zu verurteilen, ohne zu wissen, warum wir es tun.

Früher habe ich beispielsweise Menschen verurteilt, die zu sehr im Mittelpunkt stehen wollten. Ich habe mich immer gefragt, weshalb sie das nötig haben. Letztendlich durfte ich aber erkennen, dass ich es deshalb nicht mag, weil ich es mir selbst nicht erlaube.

Außerdem mochte ich es nie, wenn jemand nur nimmt und wenig gibt. Ich erlaube mir selbst nicht zu nehmen und gebe lieber. Ich fühle mich besser, wenn ich die Rechnung im Café bezahle, statt mich einladen zu lassen. Ab einem gewissen Punkt aber wurde meine Grenze überschritten, da ich viele Menschen angezogen habe, die nur nehmen wollten. Ich führte dann ein klärendes Gespräch. Danach traf ich für mich eine Entscheidung. Seit dem Moment erlaubte ich mir selbst, auch von anderen zu nehmen.

Es ist häufig so, dass uns Dinge an anderen stören, mit denen wir uns zu dem Zeitpunkt nicht identifizieren können, die aber dennoch in uns sind und gelebt werden wollen.

Gerade in Beziehungen können wir das ganz deutlich beobachten. Zu Beginn einer Partnerschaft faszinieren uns die Eigenschaften an unserem Partner, die wir selbst nicht ausleben. Ab einem gewissen Punkt aber stören sie uns vielleicht. Woran liegt das? Meistens liegt es einfach daran, dass wir persönlich nicht gewachsen sind. Sobald wir aber diese Eigenschaften für uns selbst anerkennen und ausleben können, fühlen wir uns vollständiger. Passiert dies auf beiden Seiten, wird jede Person für sich immer vollständiger und auch die Beziehung wird stärker. So kann es sein, dass wir aktiver werden, weil unser Partner ein sehr aktives Leben

führt. Oder unser Partner fängt durch uns an, a
zu schlafen und gesünder zu essen.

So lernen wir alle Seiten in uns zu akzeptieren und auszuleben. Es zeigt, was noch geheilt werden muss und wie wir als Person wachsen können. Wenn wir diese Möglichkeiten wahrnehmen, haben wir die Chance auf eine großartige Beziehung, Freundschaft und ein tolles Leben.

Es gibt viele Eigenschaften, die wir an anderen zu schätzen wissen und bewundern. Ich liebe es, wenn Menschen von innen leuchten und nur das ausleben, was sie möchten. Sie spiegeln regelrecht das Gefühl von Freiheit in Person wider. Es gibt vieles, das ich an anderen bewundere. Manches erkenne ich in mir selbst, anderes nicht.

Vielleicht ist das, was wir an anderen mögen, auch etwas, wovon wir uns distanziert haben. Wenn wir diese Eigenschaften zurückholen, fühlen wir uns wieder lebendiger. Sie sind in uns und waren es immer. Doch wir haben uns an einem bestimmten Punkt dazu entscheiden, uns davon zu trennen, weil es uns damals falsch erschien.

Wenn wir diese Muster erkennen, wird unser Leben viel einfacher. Wir wissen so, was uns fehlt, was wir uns nicht erlauben und was wir mehr an uns und anderen schätzen sollten.

Energy flows where focus goes

Ich sitze eines Nachmittags in Byron Bay, Australien in einem Theater, in dem ein Workshop stattfindet. Vier sehr inspirierende Redner teilen ihre ganz privaten Geschichten zum Thema Liebe, Gesundheit, Leidenschaft und Erfolg.

Einer der Redner, ein bekannter Surf-Autor, beginnt seine Story mit folgendem Zitat:

„Energy flows where your focus goes."

—Unbekannt

Das Sprichwort besagt, dass unsere Energie dahinfließt, worauf wir unseren Fokus richten.

Tim Baker wollte vor ein paar Jahren mit seiner Familie sechs Monate lang mit einem Campervan Australien bereisen und dabei die besten Surfspots erkunden. Zu dem Zeitpunkt hatte er noch einen Top Job bei einem bekannten Surfmagazin und seine Kinder waren schulpflichtig. Dennoch entschied er sich dazu, sich nicht auf die Schwierigkeiten zu fokussieren, sondern auf seinen Traum und die Möglichkeiten, die der Traum mit sich brachte.

Wie es dann das Leben so will, wurde er für sein Vertrauen belohnt. Sein gesamtes Projekt wurde von einem Verlag und einem Camper-Vermieter unterstützt, der auch noch eine Tankkarte beisteuerte. Tim Baker wurde noch mit vielen Überraschungen überhäuft, mit denen er niemals gerechnet hätte. Denn sein Fokus war die ganze Zeit auf seinen Traum gerichtet und nicht auf die Schwierigkeiten. Und so kann es in all unseren Lebensbereichen laufen.

Liegt unser Fokus auf unseren Problemen?

Richten wir den Blick auf den Lebensbereich, der uns stresst?

Oder lenken wir die Aufmerksamkeit auf die Menschen, die uns auf die Nerven gehen oder uns nicht gut behandeln?

Wie fühlen wir uns dabei? Hilft es uns beim Vorankommen? Höchstwahrscheinlich nicht!

Wie wäre es, wenn wir unseren Fokus auf die schönen Dinge in unserem Leben verlagern?

Was wäre, wenn wir vor allem die Dinge wahrnehmen könnten, die wirklich zählen, und auf diese Weise mehr solcher Momente in unser Leben ziehen könnten?

Wer zu den Menschen gehört, die immer den Umständen die Schuld zuschieben, der gibt die eigene Verantwortung dafür ab. Die Menschen, die machen, was sie wollen, und dabei glücklich sind, glauben nicht an Umstände. Sie wachen morgens auf und richten ihren eigenen Fokus auf die wirklich wichtigen Dinge und gehen somit auch anders mit Herausforderungen um.

Natürlich gibt es auch Momente, die uns aus der Balance bringen und das Leben schwerer machen können. Aber auch da gibt es zwei Möglichkeiten: Entweder zerfließen wir in Selbstmitleid oder wir suchen nach Lösungen.

"Follow your bliss.
If you do follow your bliss,
you put yourself on a kind of track
that has been there all the while waiting for you,
and the life you ought to be living
is the one you are living.
When you can see that,
you begin to meet people
who are in the field of your bliss,
and they open the doors to you.
I say, follow your bliss and don't be afraid,
and doors will open
where you didn't know they were going to be.
If you follow your bliss,
doors will open for you that wouldn't have opened for anyone else."

—Joseph Campbell

Wenn wir unseren Fokus auf die schönen Dinge verlagern, verstärken sich diese und wir ziehen immer mehr davon an. Ganz genauso funktioniert es auch mit den negativen Dingen.

Als ich so krank war und mich ausschließlich darauf konzentriert habe, wurde nichts besser. Denn mein kompletter Fokus lag auf der Krankheit, die sich dadurch nur verstärkt hat und nicht gehen konnte.

Als ich mich aber dazu entscheid, über schöne Dinge und neue Ziele nachzudenken, veränderte sich etwas in mir und die Heilung wurde in Gang gesetzt.

Wir entscheiden täglich, wohin unser Fokus wandert.

Wir kreieren damit unsere Realität und somit unser Leben.

Der Intuition trauen

Ich glaube, dass es häufig Angst ist, die uns daran hindert, unseren Weg zu gehen und unsere Träume zu verwirklichen. Angst kann gemein sein und hinterhältig. Sie hält uns davon ab, unser wahres Ich zu leben. Wenn wir Angst haben, können wir nicht ausleben, was wir ausleben wollen.

Dabei vergessen wir, dass unsere Angst oft gar nicht real ist. Viele unserer Ängste erweisen sich im Nachhinein als völlig überflüssig.

Wir geben gerne anderen Dingen und Menschen die Schuld dafür, wenn etwas nicht so läuft, wie wir es uns wünschen. Schuld sind dann unsere Angst, unsere Eltern, Freunde, die Regierung, Lehrer oder unser Chef. Doch letztlich sind wir die Person, die für unser Leben verantwortlich ist! Wir und kein äußerer Umstand.

Viele haben auch ihre Hoffnungen und Träume aufgegeben, weil diese angeblich „unrealistisch" sind. Hören wir doch bitte auf, „realistisch" zu sein. Was ist schon realistisch? Wir dürfen dabei nicht vergessen, dass jeder von uns in einer anderen Realität lebt.

Sind wir bereit, unsere Vorstellungen von Realität zu überdenken?

Was wäre, wenn alles unendlich wäre? Unsere Möglichkeiten, unser Glück, unsere Leichtigkeit. Was wäre, wenn alles nur von unserer Wahrnehmung abhinge?

Trauen wir unserer Intuition, dann werden wir die Wahrheit sehen und spüren können.

Die Grenzen des Verstands übersch…

Wenn wir diese Gefühle zulassen, eröffnen sich ganz andere Dimensionen für uns. Unser Verstand lässt nun Dinge, die wir für unmöglich gehalten haben, zu und wir können auf einer vollkommen anderen Ebene Zugang zu uns selbst finden. Unser wahrer Weg und unser wahres Ich werden uns so ersichtlich.

Denn wir lassen die Begrenzungen unseres Verstandes hinter uns und tauchen dann erst richtig ins Leben ein.

Ab diesem Punkt existieren wir nicht nur, sondern wir beginnen tatsächlich zu leben. Durch dieses Gefühl werden wir keinen Schritt mehr zurückgehen wollen. Es wird uns motivieren und inspirieren, immer weiter voranzuschreiten und zu wachsen.

Alle erfolgreichen und glücklichen Menschen haben diese eine Sache gemeinsam. Ich meine damit nicht unbedingt Menschen, die viel Geld verdienen, sondern solche, die das tun, was sie aus tiefstem Herzen lieben. Voller Leidenschaft und ständig im Flow.

Um diesen Punkt zu erreichen, mussten sie durch ihre Angst hindurchgehen. Doch sie haben sie nicht als bedrohlich erlebt und konnten sie so überwinden.

Seien wir immer ehrlich zu uns selbst und gehen wir unseren Ängsten auf den Grund.

Erkunden, fühlen wir sie und tauchen wir richtig in sie ein.

Halten wir die Angst aus und rennen wir nicht davon. Wenn wir nämlich davonrennen, dann werden wir uns immer wieder in derselben Situation wiederfinden und niemals die Schönheit, die sich hinter der Angst verbirgt sehen und spüren können. Wer seine Angst akzeptiert und annimmt, hat Ja zur Entwicklung gesagt und wird dafür belohnt.

Ignorieren wir unsere Angst nicht, sondern stellen wir uns ihr. Sonst gibt es auch keine Heilung! Denn genau hinter unseren Ängsten wird sich wahrscheinlich das Warum verbergen und darauf warten, endlich erkundet und gelebt zu werden.

Erlauben wir uns, glücklich zu sein

Es gibt viele Dinge, die auf Anhieb nicht offensichtlich sind. Manche Blockaden springen einen regelrecht an, sodass wir sie gar nicht ignorieren können, und andere sind tief versteckt.

Wie oft machen wir einen Schritt in die richtige Richtung Wir verbringen Zeit mit den richtigen Menschen, wir machen Yoga, Sport und andere Dinge, die uns erfüllen. Doch nach einer Weile scheint uns die Zeit dafür zu fehlen. Auch in Beziehungen läuft es oft nicht rund. Wir verlieben uns, genießen die Zeit und das Gefühl, doch nach einer gewissen Zeit suchen wir nach Entschuldigungen, weshalb es dennoch nicht funktionieren wird. Es scheint wie verhext: Wenn wir auf einem Gebiet gerade erfolgreich und glücklich sind, scheinen wir uns auf einem anderen zu sabotieren.

Bei mir ist gerade das letzte Beispiel mehr als passend. Wenn ich in einer Beziehung bin, läuft es mit meiner Kreativität nicht sonderlich gut. Wenn ich aber mehr arbeite, dann esse ich unregelmäßiger, mache kaum noch Sport und vernachlässige meine Freunde. Das heißt, wenn ich mir auf der einen Seite Glück erlaube, sabotiere ich es gleichzeitig auf der anderen Seite.

Und ich denke nicht, dass ich die Einzige bin, der es so geht… Aber warum erlauben wir uns nicht, einfach glücklich zu sein? Glauben wir, dass wir uns Glück erst verdienen müssen? Manche von uns geben vor, dass es egoistisch sei, glücklich und frei zu sein, wenn es die Menschen um uns herum nicht sind. Doch genau das Gegenteil ist der Fall. Oft kommt diese innere Stimme in uns auf, wenn wir dabei sind, die richtigen Schritte zu machen. Doch dafür müssten wir wieder die Komfortzone verlassen. Und zack entscheiden wir uns für den Komfort und gegen das Glück.

Jeder kennt Situationen mit Freunden oder im Familienkreis, in denen viel gejammert wird, über Krankheiten, über den Chef oder einfach über das Leben allgemein. In diesem Moment liegt es an uns zu entscheiden: Wollen wir uns darauf einlassen und uns die Energie rauben lassen oder widersprechen wir im Innern, weil wir eine bessere Lebensstrategie haben? Und das ist alles andere als egoistisch, wenn wir unser Leben in die Hand nehmen und zeigen, dass es auch anders geht.

Ich kann mich noch sehr gut an eine Situation auf einer Geburtstagsfeier meines Vaters erinnern. Ich stand in der Küche und unterhielt mich mit einem Freund meiner Eltern. Nur neben ihm zu stehen, gab mir schon ein erdrückendes und dunkles Gefühl. Was er danach zu mir sagte, passte leider nur allzu gut zu seiner Energie. Er kritisierte mich auf sehr unschöne Weise für mein Leben. Er sagte mir, dass das Leben eben schwer sei und ich doch bitte mein Leben ändern solle und es als das ansehen solle, was es ist. – Schwer. Mich schockierte seine Realität zutiefst. Er tat mir auch irgendwie leid. Doch ich wusste auch, dass man auf solche Gespräche nicht anspringen sollte. Ich hätte tun und sagen können, was ich wollte, seine Einstellung zum Leben hätte sich nicht geändert. Er hat sich dazu entschieden, unglücklich zu sein – und das tun etliche. Nicht jeder in einem so extremen Ausmaß, dennoch ist es häufig zu beobachten.

Es ist wichtig, dieses Muster zu erkennen und weiterhin die Dinge in unser Leben einzuladen, die uns glücklich machen und die Schwere von unseren Schultern zu nehmen.

Wenn wir unseren Blick mehr auf das Positive richten, kann es anfangs allerdings sein, dass wir Entzugserscheinungen haben. Lieb gewonnene Gewohnheiten fehlen uns zunächst, auch wenn sie uns geschadet haben.

Sich von alten Mustern zu verabschieden ist unkomfortabel, aber nötig. Ist es nicht verrückt, sich mit selbstzerstörerischen Eigenschaften und Negativität wohlzufühlen? Glück hat nichts mit Komfort und Bequemlichkeit zu tun. Es geht nicht darum, Dinge zu tun, die sich komfortabel anfühlen, sondern wirklich zu spüren, was uns guttut und was wir brauchen. Regelmäßig Sport zu treiben erfordert Einsatz, tut uns aber gut. Uns gesund zu ernähren, kostet ebenfalls Energie, schenkt uns aber einen gesunden Körper und Geist. Ebenfalls nimmt es Zeit und manchmal auch Geld in Anspruch, uns Ängsten zu stellen und ihnen aktiv entgegenzutreten. Doch das Gefühl, das wir verspüren, wenn wir eine Angst überwinden, ist unbezahlbar.

Manchmal müssen wir uns von bestimmten Menschen verabschieden. Einen Schlussstrich unter Vergangenes zu setzen und eine neue Zukunft zu kreieren, kann Schuldgefühle hervorrufen und vielleicht auch vorerst ein Gefühl von Einsamkeit. Denn selbst die Menschen, die uns nicht guttun, spielen eine wichtige Rolle in unserem Leben. Sich von ihnen emotional zu lösen kann anfangs sehr schmerzhaft sein, doch letztlich ist es in manchen Fällen nötig und auch befreiend!

Es ist verrückt, dass das Gefühl, das wir uns am sehnlichsten wünschen, uns auch am meisten herausfordert. Wir scheinen fast resistent dagegen zu sein.

Wenn wir uns erlauben glücklich zu sein, dann sollten wir diese Gedanken und unsere Reise mit jemandem teilen, der uns versteht. Wir sollten auch wahrnehmen, wenn unsere innere Stimme sich meldet und uns davon abhalten möchte, glücklich zu sein. Wenn wir das trainieren, werden wir es schaffen, uns letztlich gegen solche Impulse zu entscheiden.

Dabei ist es ganz wichtig, niemals in ein Opferverhalten zu verfallen. Wir allein sind für unser Leben verantwortlich und sonst niemand. Wenn etwas nicht so läuft, wie wir es gerne hätten, dann können nur wir etwas daran ändern. Denn wir treffen unsere eigenen Entscheidungen und wir haben die Macht über unser Leben.

Wir haben es verdient, glücklich zu sein!

Kapitel 3

Grow

In die Tiefe gehen

In den ersten beiden Kapiteln ging es vor allem darum, wie man es schafft, sich von negativen Mustern bzw. Gedanken zu lösen. Dabei ist es zunächst wichtig, uns und unseren negativen Gedanken zu verzeihen! Sobald wir das getan haben, können wir tiefer gehen. Ab diesem Punkt wird es erst so richtig interessant. Bei mir jedenfalls war es so. Ich hoffe, dass es dir da genauso geht.

Bei mir geschah es in Etappen. Zunächst wurde die erste Schicht geöffnet. Und sobald ich spürte, wozu ich bereit bin, ging es an die nächste Schicht. Bis ich wirklich offen war und gesehen habe, wer ich in Wirklichkeit bin.

Crack yourself open.

Layer after Layer.

Ist der Schmutz der Oberflächliche erstmal beseitigt, geht es an den Kern.

Was wollen wir wirklich?

Was ist uns wichtig?

Wie möchten wir uns fühlen?

Was liegt unter der Schale verborgen?

Wir wachsen in einer leistungsorientierten Gesellschaft auf, in der es darum geht, immer besser und schneller zu werden, um immer höher und weiter zu kommen. Wir definieren uns über unseren Job, unseren Status und viele andere äußere Umstände. Was in uns los ist, verliert oft an Bedeutung.

Unter dem Druck der Gesellschaft bauen einige von uns Mauern um sich herum. Nach und nach verlieren sie so den Zugang zu sich selbst. Viele wissen nicht mehr, was in ihnen los ist. Wer sie sind und wonach sich ihr Herz sehnt. Das Leben scheint zu hart zu sein für Menschen mit einem guten Herzen. Und da viele diesen Schmerz nicht spüren möchten, vergessen sie ihr wahres Ich. Es scheint im ersten Moment bequemer zu sein.

Doch das Herz vergisst nicht. Es weiß, was es will und warum wir hier sind. Je mehr wir uns von uns selbst distanzieren, desto größer wird der Schmerz ab einem gewissen Punkt. Und dieser Schmerz lässt sich nicht betäuben, weder durch Alkohol noch durch andere Drogen. Der Schmerz zeigt sich immer und immer wieder, bis wir hinschauen und erkennen, dass wir handeln müssen.

Durch den Schmerz hindurch

Ich bin der Meinung, dass Emotionen etwas Wundervolles sein können. Sie zeigen uns ganz klar, wonach wir uns wirklich sehnen, aber auch, was aus der Balance geraten ist und wo der Schmerz sitzt. Den Schmerz zuzulassen und zu spüren ist nicht einfach. Es erfordert Courage. Wer sich aber dafür entscheidet, seine Emotionen zu ignorieren und alles beim Alten zu belassen, wird keinen Schritt weiterkommen.

Ich habe mich vor ein paar Monaten dazu entscheiden, durch den Schmerz zu gehen. Es war alles andere als bequem. Es gab Tage, an denen ich nicht wusste, warum ich das tue. Ich fragte mich, ob es nicht besser wäre, einfach voller Motivation an meinen Träumen zu arbeiten. Die Sache war aber die: Ich war an einem Punkt angekommen, an dem ich wissen wollte, wer ich wirklich bin und was ich hier mache. Und ohne meine Schale dabei aufzubrechen und zu spüren, was da in mir schlummert, wäre dies nicht möglich gewesen.

Ich hätte natürlich auch weiterhin versuchen können, die Dinge in mein Leben zu ziehen, die ich mir wünsche. Die Frage ist aber: Ist das, was wir uns wünschen, auch immer das Richtige für uns? Ich glaube jedenfalls, dass wir vorher tiefer gehen müssen. Wir müssen unsere Wunden spüren und erkennen, was uns wirklich Angst macht. Ich hatte immer die Tendenz, meine persönlichen Grenzen von anderen überschreiten zu lassen. Ich habe mehr ertragen, als ich eigentlich wollte. Wirklich bewusst war ich mir darüber nicht. Erst als ich auf Bali mich nach monatelangen Beschwerden durch Bakterien und Parasiten in Therapie begab, wurde mir bewusst, dass ich keine gesunden Grenzen habe. Menschen mit gesunden Grenzen, die sich zudem nicht manipulieren lassen, haben keine Probleme. Auch ich war bisher davon ausgegangen, dass meine Grenzen gesund seien. Als ich aber anfing, all meine Emotionen zuzulassen, wurde mir schnell klar, dass dies nicht der Fall war. Ich erkannte, dass ich mich nach außen viel härter zeigte, als ich es in Wirklichkeit war bzw. noch bin.

Gerade in Beziehungen kann es sein, dass wir unserem Partner mehr erlauben, als uns guttut. Wir überschreiten unsere persönlichen Grenzen. Was in anderen Lebensbereichen vielleicht nicht immer schlecht ist, kann in Beziehungen aber fatal sein. Es kann so weit gehen, dass wir uns vergessen und völlig aufgeben. Dabei können auch unsere Werte flöten gehen, während wir versuchen, es unserem Partner recht zu machen. Es ist aber so wichtig, in sich hineinzuhorchen und zu spüren, was einen verletzt oder innerlich auffrisst.

Zeigen wir uns, wie wir wirklich sind. Stehen wir hinter unserer Lebensgeschichte und dem, was wir erlebt haben. Teilen wir unsere Emotionen mit anderen und verstecken uns nicht. Wir alle haben schon unsere Erfahrungen gemacht und sind gebrandmarkt. Das gehört dazu und ist Teil des Lebens.

Dabei sollten wir aber immer unsere Grenzen abstecken und uns nicht manipulieren lassen.

Das Herz öffnen

Findest du Menschen interessant, die verdammt cool sind und immer eine Maske tragen? Nein? Ich auch nicht!

Menschen werden erst interessant, wenn sie Stärke zeigen und auch ihre Schwachstellen preisgeben. Denn erst das macht uns besonders und interessant.

Wenn wir authentisch leben möchten, müssen wir unter die Schale schauen können und auch anderen diesen Blick erlauben. Denn solange wir uns hinter etwas verstecken, was wir nicht sind, können wir auch nicht echt sein. So können wir weder unsere wahre Berufung leben noch den richtigen Partner in unser Leben ziehen oder echte Freundschaften führen. Wie soll das auch gehen, wenn wir uns selbst belügen und dem Universum damit mitteilen, dass wir noch nicht so weit sind, um ein authentisches Leben zu führen?

Unsere verletzliche Seite ist unsere wahre Stärke. Es ist das, was ausgelebt werden soll. Natürlich macht es Angst, genau diese Seite auszuleben, ohne Mauern, ohne Masken, ohne Lügen, sondern ganz einfach so, wie wir sind.

Viel zu oft machen wir es von bestimmten Bedingungen abhängig, ob wir unser wahres Ich zeigen. Das spricht aber nicht für Stärke oder Vernunft, es ist eher ein Zeichen von Schwäche und Unsicherheit.

Die äußere Schale knacken

Ich habe vor einigen Monaten einen sehr interessanten TED Talk gesehen, in dem das Thema „Verletzlichkeit" behandelt wurde.

Die Rednerin war der Meinung, dass es die Verbindung zu anderen Menschen ist, die unser Leben ausmacht. Sie geht so weit und sagt, dass wir aus diesem Grund hier sind. Daher ist es von Bedeutung, uns so zu zeigen, wie wir sind – mit all unseren Stärken und auch Schwächen. Wir müssen echt sein. Natürlich benötigen wir dazu Courage und Stärke, da viele von uns glauben, dass sie nicht gut genug, nicht schön genug, nicht schlau genug und nicht interessant genug sind. Aber all das stimmt natürlich nicht.

Wir haben Angst vor Ablehnung. Vielleicht mag uns keiner so, wie wir in Wirklichkeit sind? Vielleicht ist meine neue Idee gar nicht so toll und keiner interessiert sich dafür? Vielleicht schreibe ich 50.000 Wörter, die letztendlich keiner lesen möchte? Was ist, wenn die Freunde meines Freundes mich nicht mögen? All das kann passieren und Letzteres ist mir auch mal passiert. Ich habe mich so verletzt gefühlt wie noch nie. Es war eine neue Erfahrung für mich und dazu eine wirklich schmerzhafte. Aber auch diese Erfahrung war für etwas gut, denn nichts passiert ohne Grund.

Bei meinem ersten Buch hatte ich Angst, dass es keiner lesen würde. Oder noch viel schlimmer, dass mich Menschen aufgrund meiner persönlichen Geschichte verurteilen würden. All diese Dinge schossen mir durch den Kopf. Völlig grundlos, wie sich später herausstellte. Doch ich kann mir vorstellen, dass jeder sich wegen bestimmter Dinge Sorgen macht.

Dennoch: Zeigen wir uns verletzlich! Investieren wir in etwas, auch wenn es vielleicht nicht funktioniert. Egal, ob es unsere Beziehung oder unsere Träume sind. Sobald wir uns trauen, Menschen hinter die Fassade schauen zu lassen, zeigen wir uns authentisch. Und so ziehen wir automatisch Dinge und auch Menschen in unser Leben, die zu uns passen.

Verletzlichkeit ist der Geburtsort von Freude, Kreativität, Inspiration, Zusammengehörigkeit und Liebe. Doch auch, wenn wir uns schlecht fühlen, wir Schicksalsschläge erleiden oder schwierige Phasen auf uns zukommen – es ist wichtig, diese Gefühle auszuleben. Als meine letzte Beziehung in die Brüche ging, lag ich in meinem Bett und habe nur geweint. Es war hart für eine Weile, aber danach habe ich mich gut gefühlt, da ich meinen Gefühlen Raum gegeben habe. Ich habe sie einfach ausgelebt und rausgelassen und dadurch verarbeiten können. Früher wäre ich direkt am nächsten Wochenende feiern gegangen, hätte ein paar Cocktails zu viel getrunken und mich am nächsten Tag miserabel gefühlt. Heute erlaube ich mir diese Gefühle und verabschiede sie wieder, wenn es so weit ist.

Erlauben wir es also. Öffnen wir unser Herz, fühlen wir den Schmerz und verarbeiten ihn.

Oft versuchen wir, unser Leben so sicher wie möglich zu gestalten. Doch es gibt keine vollständige Sicherheit. An vielen Orten ist dies zu beobachten: Egal, ob in der Politik, Religion oder einfach im Privatleben. Wir werden immer ängstlicher. Aus dieser Angst heraus wollen wir perfekt sein und so wenig wie möglich von unserem wahren Ich offenbaren.

Wir verpassen uns Schönheitsoperationen, um einen perfekten Körper zu besitzen. Wir versuchen sogar unsere Kinder zu Perfektionismus zu erziehen. Sie sollen schön und klug sein, viele Sprachen sprechen und Instrumente spielen. Sie sollen herausragen. Wäre es nicht besser, ihnen zu zeigen, dass wir sie lieben, genauso, wie sie sind?

Ich hatte früher große Probleme damit, mich verletzlich zu zeigen. Auch heute ertappe ich mich noch ab und zu dabei. Als ich damals während meines Studiums einfach nicht weiterkam, wollte ich es mir nicht eingestehen. Obwohl mein Studium nicht zu mir gepasst hat, wollte ich dennoch Stärke beweisen und es trotz allem abschließen. So wurde es von Woche zu Woche schlimmer. Ich ließ mir Medikamente verschreiben, die mich letztlich nur betäubten. Natürlich fragten mich die Ärzte auch nach meinem Allgemeinbefinden und eventuellen Ursachen für meine Probleme. Doch ich war der Meinung, dass es mir so weit gut ginge und ich einfach nur ein paar Mittelchen zum Schlafen und für meine Prüfungen benötige. Ich wollte mir nicht eingestehen, dass es mir nicht gut ging, und schon gar keine Schwäche zugeben. So bewahrte ich also den schönen Schein noch weitere Jahre.

Dasselbe tat ich auch nach einem schweren Autounfall vor einigen Jahren. Damals zog ein LKW plötzlich auf meine Spur. Ich wich aus und raste mit 180 km/h in die Leitplanke. Schon zwei Tage später saß ich wieder im Auto. Doch ich war noch nicht bereit; ich hatte Angst, auf die Autobahn zu fahren und fing an zu hyperventilieren. Allen anderen erzählte ich aber, dass alles in Ordnung sei und es kein Problem war, wieder am Steuer zu sitzen. Es ging mir aber alles andere als gut, was sich dann über die nächsten Jahre immer mehr verschlimmerte.

Ich war auch nicht in der Lage, nach Hilfe zu fragen. Alles wollte ich immer alleine machen. Ich wollte mir nicht eingestehen, dass jeder ab und zu mal Hilfe benötigt. Es fühlte sich zu sehr nach Schwäche an und ich wollte doch nicht als Schwächling angesehen werden! Es dauerte noch eine ganze Weile, bis ich dieses anerzogene Denkmuster ablegen konnte.

Es gab viele solcher Situationen, in denen ich Hilfe gebraucht hätte, doch ich einfach zu stolz war. Ich kann mich noch sehr gut daran erinnern, dass mein ehemaliger Mitbewohner in Australien mir immer wieder seine Hilfe anbot. Er wollte mir beim Einzug helfen, mich in die Stadt fahren, mir meine Zeit in Australien erleichtern, mir beim Auszug helfen. Aber nichts davon wollte ich annehmen. In der Zeit wurde es ganz offensichtlich für mich, dass ich große Probleme damit hatte, Hilfe anzunehmen und auch Schwächen zuzugeben.

Nehmen wir doch einfach Hilfe an, wenn wir sie brauchen und sie uns angeboten wird!

Die Sache ist nämlich die: Wenn wir uns nicht verletzlich zeigen, diese Gefühle nicht akzeptieren und unser wahres Ich nicht leben, dann können wir auch in anderen Bereichen

nicht erwarten, das zu bekommen, was wir ge-
Denn dazu ist es wichtig, authentisch zu sein.

Die Verbindung, die ich zu meinen Lesern aufgebaut habe, wäre nicht zustande gekommen, wenn ich mich emotional nicht ganz und gar geöffnet hätte. Und glaub mir, ich hatte wirklich Angst davor, mich verletzlich zu zeigen und das zu thematisieren, was mich im tiefsten Innern interessiert und auch bewegt. Nachdem ich es aber dennoch getan habe, überkam mich ein unglaublich befreiendes Gefühl. Es tut einfach unglaublich gut, so zu sein, wie man ist.

Wenn wir also Angst haben, dann können wir es auch sagen. Wenn wir einen Fehler gemacht haben, dann geben wir ihn einfach zu. Wenn wir uns verletzt fühlen, sagen wir es einfach. Wenn wir verliebt sind, sagen wir doch, dass wir verliebt sind. Seien wir ehrlich zu uns und zu anderen.

Warum sollten wir nicht ehrlich sein und offen ausdrücken, was uns beschäftigt? Was soll schon passieren?

Denn nur das, was uns verletzlich macht, macht uns auch schön und einzigartig. Nehmen wir also die Maske ab. Haben wir die Courage, unperfekt zu sein und die Stärke, uns von der Vorstellung zu verabschieden, jemand anderes sein zu sollen. Es geht darum, genau die Person zu sein, die wir in Wirklichkeit sind.

Zeigen wir uns verletzlich.

Lieben wir mit unserem ganzen Herzen.

Denn wir sind genug.

Wir sind schön.

Wir sind es wert.

Wir sind einzigartig.

Wenn wir uns verletzlich zeigen, können andere in unser tiefstes Inneres sehen. Wenn wir echt sind, ist es uns möglich, mit ganzem Herzen zu lieben und uns der Welt so zu zeigen, wie wir sind. Wenn wir unsere Schwächen nicht mehr verbergen, werden wir lebendig sein mit all unseren Facetten.

Auch in schwierigen Situationen offenbleiben

In schwierigen Phasen ist es eine besondere Herausforderung, authentisch und offenzubleiben. Wenn das Leben mal etwas holpriger ist, scheint es leichter zu sein, sich einfach zurückzuziehen und Probleme selbst zu klären, statt mit anderen zu teilen. Genau das kenne ich von mir selbst nur allzu gut.

Oft verstecken wir lieber unsere Verletzlichkeit und warten so lange ab, bis wir der Welt wieder mit einem mutigen Gesicht entgegentreten können. So wird es vielen von klein auf beigebracht.

Dies ist das Standardprozedere für viele von uns. Es ist natürlich kein Fehler, Probleme zu verarbeiten, nach Lösungen zu suchen und Energie zu tanken.

Das kann uns unabhängig und stark machen. Wir können uns auf diese Weise die Fähigkeit aneignen, tief in unsere Probleme einzutauchen und durch diese zu wachsen. Wir arbeiten lieber im Inneren, statt alles nach außen zu tragen – auch das macht Sinn.

Doch es gibt hier eine feine Linie, die man ganz schnell übertreten kann. Denn ich weiß von mir selbst, dass ich in manchen Situationen dichtmache und vieles dann nicht mehr an mich heranlasse. Statt an mir zu arbeiten, errichte ich Mauern um mich herum und schaffe innere Barrieren.

Bleiben wir besser offen, wenn Herausforderungen auf uns zukommen! Auch wenn sich die Außenwelt einfach schrecklich anfühlt, alles unfair zu sein scheint und voller Unsicherheiten. Auch dann sollten wir uns nicht in unser Schneckenhaus zurückziehen, wo es scheinbar sicher, bekannt und gemütlich ist.

Nicht in die Komfortzone flüchten

In Krisensituationen passiert es des Öfteren, dass wir uns in unsere vermeintlich sichere Komfortzone flüchten. Ich hatte auch Phasen, in denen ich einfach keine Lust auf die Welt hatte. Doch gerade in solchen Situationen ist es wichtiger denn je, sich selbst zu pushen, offenzubleiben, auch wenn das Gegenteil sich viel bequemer anfühlt. Dann müssen wir uns dazu überwinden, über uns hinauszuwachsen, dürfen nicht – aus Angst oder Bequemlichkeit – Rückschritte machen.

Wenn mir das Leben in den letzten Jahren unbequem wurde, habe ich einfach Flüge gebucht. So konnte ich schnell hinter mir lassen, was mich verärgert hat oder traurig machte, und neue Eindrücke auf mich wirken lassen. Reisen wurde zu meiner Komfortzone. Das was andere für mutig hielten, war für mich einfach und bequem. Das was andere für normal hielten, war für mich wiederum die größte Herausforderung. Das Problem dabei war, dass man es recht schnell erkennt, wenn man aus den falschen Beweggründen reist. Und letztlich hat man auf diese Weise nicht viel davon. Aus den richtigen Beweggründen kann jede Reise nur von Vorteil und eine große Bereicherung sein.

Eigene Mauern fallen lassen

Letzten Endes ist es ein Zeichen von Stärke, wenn wir uns verletzlich zeigen, uns anderen mitteilen und um Hilfe bitten. Es ist normal, dass es uns nicht immer gut geht. Und das dürfen wir auch zeigen. Wir sollten echt sein, statt uns hinter einer Fassade zu verstecken. Denn jeder von uns ist perfekt, wenn wir „perfekt" nach eigenen Maßstäben definieren.

Bleiben wir immer offen, egal wie viele Herausforderungen die Welt gerade für uns bereithält.

Alles vergeht und nichts bleibt, wie es ist. Seien wir echt, authentisch und ehrlich zu uns selbst.

Lassen wir die Mauern fallen, egal wie viel Angst wir auch haben.

Auch wenn uns immer wieder von verschiedenen Seiten beigebracht wurde stark zu sein, auch wenn wir uns nicht so fühlen. Wahre Stärke bedeutet nicht, nach außen hin eine Maske zu tragen. Wahre Stärke zeigt sich darin, auch Schwäche zulassen zu können.

Den Ängsten auf den Grund gehen

Was fällt mir ein, wenn ich über das Thema Angst nachdenke?

Ich sitze im Flugzeug und die Maschine fängt an zu rappeln. Der Flieger verliert abrupt an Höhe und löst ein ganz ungutes Gefühl in meiner Magengegend aus. Einen kurzen Moment bekomme ich Angst und hoffe, dass wir sicher auf dem Boden landen werden. Turbulenzen gehören zum Flugalltag und sind nicht besonders gefährlich. Dennoch ist es immer wieder ein komisches Gefühl, abzuheben und dem Piloten und Computer volles Vertrauen zu schenken. Ich habe keine Panik vorm Fliegen, aber ich weiß, dass wir einfach nicht dorthin gehören. Es ist nicht unser natürlicher Lebensraum.

Doch während ich dies schreibe, merke ich, dass das Fliegen nicht meine größte Angst ist. Das ist nicht das Thema, das mich fast ohnmächtig werden lässt. Denn es gibt da diese eine Sache, die ich versuche seit meiner Kindheit zu vermeiden, weil ich dabei rot anlaufe und mir fast in die Hose mache.

Also fange ich nochmal von vorne an:

Ich sitze nicht im Flugzeug, sondern an einem langen Tisch mit vielen Leuten. Wir haben uns alle getroffen, um Johns Geburtstag zu feiern. John kenne ich nicht besonders gut, aber gut genug, um auf seinen Geburtstag eingeladen zu werden. Die Runde am Tisch war sehr sympathisch und ich war super happy, meinen Abend mit all den wundervollen Menschen verbringen zu dürfen. Bis plötzlich einer in der

Runde auf die Idee kam, dass jeder am Tisch ein paar nette Worte über John sagen sollte. Nette Geste, doch für mich war dies die Verkörperung meines Albtraums. Alle sagten etwas Wundervolles, nur ich nicht. Ich saß da und war einfach nur starr. Ich konnte nichts sagen. Nicht, weil ich nicht wusste, was ich hätte sagen können, sondern weil mich plötzlich eine unglaubliche Angst überkam. Eine Angst, die ich lange nicht mehr so intensiv gespürt hatte. Keiner nahm es mir übel, nur ich mir selbst. Am nächsten Morgen realisierte ich, was da los war. In welches Muster ich wieder tappte bzw. welches Muster ich nie losgeworden bin; da ich es erst gar nicht angegangen bin.

Schon in meiner Kindheit hatte ich große Probleme damit, vor anderen etwas vorzulesen oder an die Tafel zu gehen. Später wurden es Präsentationen, die ich entweder komplett vermied oder voller Nervosität hinter mich brachte. Für mich waren diese Situationen die größte Strafe von allen. Alle schauten mich an und ich stand im Mittelpunkt, genau dort, wo ich nicht sein wollte. Ich wollte mich einfach nicht zeigen. Und genau diese Angst war es, die auf Johns Geburtstag offensichtlich wurde.

Als Kleinkind aber war es erstaunlicherweise mein sehnlichster Wunsch Schauspielerin oder Sängerin zu werden. Einen Auftritt in der Mini Playback Show zu haben war mein ultimativer Traum. Doch im Laufe meiner Kindheit hatte ich oft das Gefühl, dass es besser wäre nicht aufzufallen. Und daran hielt ich mich auch. Aus diesem Gefühl wurde irgendwann die Angst, sich zu zeigen. Diese Angst wurde immer größer, bis sie zu einer ausgeprägten Redeangst wurde.

Ist es nicht ironisch, dass wir Angst vor unseren Mitmenschen haben? Menschen, die ähnliche Ängste mit sich herumtragen wie wir selbst.

Ich bin schon in Australien mit dem Fallschirm aus dem Flugzeug gesprungen und in Thailand im Dschungel an einem Gummiseil in die Tiefe gesprungen. Doch vor Menschengruppen reden, das kann ich nicht!

Wenn ich an die Situationen denke, in denen ich meinen Träumen nachgehen wollte, dann werde ich traurig. Ich bin enttäuscht. Enttäuscht von mir selbst, dass ich mir und meinen Träumen nicht mehr Wert gegeben habe. Es gab diesen Moment, als ich auf dem Weg nach Köln war, um mich in einer Schauspielschule vorzustellen. Ich war 20 Jahre alt und es war mein absoluter Traum, Schauspielerin zu werden. Ich saß also im Auto und kam in der Straße an, in der sich die Schule befand. Ich sah mehrere Leute davorstehen. Doch mich überkam die Angst. Negative Stimmen in meinem Kopf wurden überaktiv und sagten mir, dass ich nicht gut genug sei, um mich vor so vielen Leuten zu zeigen. Also drehte ich um und fuhr zurück nach Hause.

Seit einigen Monaten kam dann immer wieder das Gefühl in mir hoch, dass ich mich hinter meinem Laptop verstecke. Erst dachte ich mir nur, dass es völliger Quatsch sei. Es macht mir doch Spaß, Menschen durch meine Worte zu inspirieren.

Daran ist auch nach wie vor nichts falsch. Doch dann habe ich bemerkt, dass ich mich tatsächlich versteckt habe. Als Kind habe ich gelernt, nicht aufzufallen, so unauffällig wie nur möglich zu bleiben und bloß meine Stimme nicht zu erheben. Das begleitete mich mein ganzes Leben. Und es hat mich unglaublich viel Kraft gekostet. Der Punkt musste dann einfach kommen, an dem es so nicht mehr weiterging.

Was mache ich aber heute mit der Angst? Inzwischen bin ich älter, um viele Erfahrungen reifer und weiß, was Ängste in Wirklichkeit sind.

Vermeide ich also unkomfortable Situationen? Oder stelle ich mich meiner Angst und beweise mir selbst, dass ich stärker bin?

Wovor haben wir Angst?

Gehen wir dabei bis in die Kindheit zurück. Was hat uns die größte Angst bereitet? Was ist noch heute da und lässt uns zittern? Was hat uns am meisten wehgetan? Teilen wir diese

Angst mit anderen. Es kann so befreiend sein, darüber zu reden und zu erfahren, dass jeder von uns Wunden hat.

Selbst hinter der größten Angst kann ein riesengroßer Schatz verborgen sein. Nämlich unsere Passion. Doch viele wollen sich nicht damit auseinanderzusetzen, weil es sehr schmerzhaft werden kann. Es bedeutet Arbeit und Ausdauer, sich seiner tiefsten Angst zu stellen. Sicher – es ist nicht einfach, doch viele wichtige Entwicklungsschritte kommen eben nicht so einfach angeflogen.

Wie würden wir uns denn fühlen, wenn wir trotz der Ängste unseren Träumen nachgehen könnten und einfach tun könnten, wonach unser Herz sich sehnt? Wir wären doch unglaublich stolz auf uns und eine komplett neue Welt würde sich uns eröffnen.

Jeder hat seine eigenen Ängste. So unterschiedlich wie wir sind auch unsere Ängste. Wenn wir uns unseren Ängsten nicht stellen und nicht bereit sind, sie zu überschreiten, dann bleibt unser größter Schatz ein Leben lang verborgen.

Gehen wir auf unsere Angst zu. Hören wir die Stimme, die uns sagt, dass wir es nicht können, und tun wir es trotzdem! Denn tief in uns vergraben liegt ein wertvoller Schatz, der gesehen und gelebt werden möchte.

Wo also liegt unsere größte Angst?

Die Dämonen einladen

Bali, März 2016

Ich liege im Bett, werde plötzlich wach und schreie. Es ist sieben Uhr morgens und die Erde wackelt. Ich realisiere in den ersten Sekunden nicht, dass es ein Erdbeben ist. Ich liege nur da und hoffe, dass es gleich vorbei ist. Und ich habe Angst.

Die Balinesen glauben, dass dieses Erdbeben mit Nyepi, dem wichtigsten balinesischen Feiertag, zusammenhängt, der kurz bevorsteht. An diesem Tag, der jedes Jahr nach Neumond während der Tag-und-Nacht-Gleiche im Frühling gefeiert wird, geht es darum, Dämonen zu vertreiben.

Daher findet am Vorabend ein großer Umzug statt, mit furchterregenden großen Figuren, die den Dämonen das Fürchten lehren sollen. Am eigentlichen Feiertag ist dann alles geschlossen, selbst der Flughafen. Die Straßen werden von Polizisten mit Schäferhunden kontrolliert und wer sich nach draußen begibt und keinen überzeugenden Grund dafür hat, muss eine saftige Strafe zahlen. Um alle Häuser geht jemand mit Trommeln und Besen herum, um die Dämonen aus den Büschen zu vertreiben. Es ist der Tag der Stille, des Fastens und der Meditation. Kein Licht darf nach außen dringen, auch nicht, wenn es dunkel wird.

Und nun glauben die Balinesen, dass die Natur sich darauf vorbereitet und sich reinigt. Dies zeigt sich dann in Form eines Erdbebens.

Und wenn sich Mutter Erde anfängt zu schütteln und zu reinigen, dann ist es auch für uns an der Zeit, unsere Dämonen zu vertreiben. Denn wir sind Teil dieses Planeten. Doch es ist nicht angenehm, sich auf die dunkle Seite zu begeben. Keiner setzt sich gerne mit den eigenen Dämonen auseinander. Doch jeder trägt sie in sich. Ironischerweise wurden mir meine genau einen Tag vor dem Erdbeben bewusst. Und dies hielt noch Wochen später an.

Wenn wir ein authentisches Leben voller Magie führen möchten, dann müssen wir uns mit unseren Schattenseiten auseinandersetzen. Egal, wie unangenehm diese auch sind. Wir müssen uns besser kennenlernen, uns mit unseren Ängsten konfrontieren, bevor wir sie verabschieden und uns wieder auf die helle Seite begeben können.

Ich entschied mich dazu, meine Dämonen einzuladen. Ich wusste in dem Moment zwar nicht, welches Ausmaß dies annehmen würde, doch es sollte so sein. Ich bat also meine Schattenseiten in mein Leben.

Ab diesem Abend musste ich viel weinen, ich zog mich für ein paar Wochen zurück und hatte keine Lust auf Menschen um mich herum. Auch meine größten „Schwachstellen“

waren präsenter denn je. Diverse Ängste zeigten sich und ich dachte, dass ich noch verrückt werde. Dies nahm dann Überhand, bis ich realisierte, dass ich die Dämonen zwar einlud, sie aber nicht wirklich verabschiedete. Dies realisierte ich erst, als ich merkte, dass ich mit einem Mal so ängstlich war.

Etwas zu unterdrücken funktioniert nicht, dadurch behält es nur seine Macht. Daher ist es wichtig, unsere Dämonen einzuladen und mit ihnen zu sprechen, zu tanzen, zu weinen, zu schreien. Wir können in dem Moment, in dem sie sich zeigen, unsere Gefühle ausdrücken und kreativ werden. Wir können malen, schreiben, singen... Doch letzten Endes müssen wir sie verabschieden, weil sie uns nicht mehr dienen und wir ohne sie voranschreiten möchten und auch werden.

Echte Werte & Kindheitsträume

Wenn es darum geht, der eigenen Passion nachzugehen und authentisch zu sein, dann müssen wir bestimmte Werte erst einmal hinter uns lassen. Wir sollten nicht an Dinge denken wie: berühmt zu werden oder möglichst viel Geld zu verdienen. Es geht auch nicht darum, von einem unglaublich coolen und hippen Job auf einer Cocktailparty zu erzählen. Das sind keine echten Werte und machen längerfristig auch nicht glücklich.

Das alles sind aber Dinge, die automatisch kommen können. Sie kommen aber nur dann, wenn wir unserem Herzen folgen und nicht durch Druck oder reine Willensstärke. Nichts gegen Willensstärke, die habe ich auch. Doch Willensstärke allein sagt uns nicht, wer wir sind und was unsere Berufung ist.

Das wiederum funktionierte mit Passivität, Verletzlichkeit und der Bereitschaft, tiefer zu gehen. Wenn wir so tief wie nur möglich in unser Innenleben eintauchen. Wenn wir uns wirklich erlauben echt zu sein und zu spüren, was los ist und was wir uns im tiefsten Inneren wünschen. Nicht, was wir uns wünschen sollten, sondern wonach unser Herz schreit und was wir uns bisher nicht erlauben wollten.

Ich habe mich in den letzten Jahren mit vielen Menschen unterhalten, die mir alle klarmachen wollten, welche Schritte ich als Nächstes gehen sollte. Es fühlte sich aber falsch an und mein Innenleben fing sehr schnell an zu protestieren. Logische Schritte müssen nicht immer die richtigen Schritte sein. Es ist sehr wichtig zu wissen, dass jeder andere Werte hat. Daher entsprechen auch die Ratschläge anderer deren Werten und nicht unseren. Meine Werte sind Freiheit, Liebe und Kreativität. Und wenn ich anfange, diese zu vergessen und einfach hinter mir zu lassen, dann werde ich unglücklich. Ich habe keine Lust mehr zu arbeiten und verliere die Verbindung zu meinem Herzen. Für mich ist es zum Beispiel keine Option mehr, nur arbeiten zu gehen, um Geld zu verdienen. Ich habe immer eine größere Mission im Hinterkopf, die mich antreibt. Auf meinem Blog geht es darum, mich auszudrücken, mich einfach kreativ vollkommen auszulassen, zum Denken anzuregen und den Lesern zu zeigen, dass das Leben magisch ist. Beim Buch „Freiheit beginnt im Kopf" lag meine Intention darin, meine Erfahrungen zu teilen und so vielen Menschen wie nur möglich zu einem freieren Leben zu verhelfen. Dass ich davon leben würde, hätte ich nie zu träumen gewagt. Es ist automatisch passiert, da ich die richtige Intention hatte. Es ging nicht nur um mich, sondern darum, anderen zu helfen.

Was will unser inneres Kind?

Nach meiner Yogastunde liege ich in der Endentpannung. Ich fühle mich leicht und glücklich. Doch dann gehe ich tiefer und tiefer. Ich kann mich plötzlich im Alter von etwa vier Jahren sehen. Ich bin traurig und brauche Liebe und Zuneigung. Ich kann den Schmerz spüren und sehe mich im heutigen Alter, wie ich mein damaliges Ich umarme und ihm Liebe gebe. Ich fühle mich plötzlich so erleichtert und glücklich. So als ob ich eine alte Wunde geheilt hätte.

Unser inneres Kind schreit oft nach Zuneigung. Es möchte geliebt und gesehen werden, aber auch Spaß haben. Es ist so wichtig, darauf zu hören, was unser jüngeres Ich uns zu sagen hat. Im Erwachsenenalter werden wir vernünftig, haben oft eine große Verantwortung zu tragen. Doch letztlich ist es unsere größte Verantwortung, glücklich zu sein und das Leben nicht zu schwer werden zu lassen.

Im Kindesalter hatten wir noch ein Gefühl dafür, was uns Spaß macht und uns erfüllt. Wir waren voller Träume und voller Hoffnungen. Alles war spielerisch und einfach. Wir mussten uns keine Sorgen machen und konnten uns das verrückteste Leben ausmalen. Wir hatten einfach keine Begrenzungen. In dem Alter war es noch erlaubt zu träumen. Keiner sagt einem Kind, dass es sich später um die Rente sorgen muss und dass das Leben hart und voller Verantwortung ist. Alle Träume waren erlaubt.

Natürlich haben wir nach wie vor Zugang zu unseren Träumen, doch mittlerweile tragen wir schon viele Schichten mit uns herum. Jede Person, die uns etwas beibringen möchte, hinterlässt eine weitere Schicht. Und genau diese müssen wir loswerden um zu spüren, was sich darunter befindet.

Wovon haben wir als Kind geträumt?

Als Kind haben wir kreativ und frei geträumt und genau das sollten wir auch wieder tun. Bringen wir uns selbst in den Zustand voller Leichtigkeit und Euphorie und spüren dann nach: Entweder durch Meditation, mit Liedern aus unserer Kindheit oder mithilfe von Märchen. Oder wir machen etwas Kindisches, was wir sonst nicht tun würden.

Nehmen wir uns danach ein Blatt Papier und einen Stift und schreiben eine Liste mit all unseren Kindheitsträumen. Ganz egal, wie kindisch uns diese Liste vorkommen mag – schreiben wir es auf und schauen, ob einer dieser Träume immer noch in unserem Kopf und Herzen herumschwirrt.

Hier ein kleiner Auszug meiner Liste:

Sängerin, Schauspielerin, Tierärztin, Eiskunstläuferin, Ballerina, Autorin, Heilerin, Hexe (ja, ernsthaft :-D)

Wie man sieht, haben die meisten „Berufe“ etwas mit Kreativität oder Heilen zu tun. Ich will heute nicht mehr Sängerin oder Eiskunstläuferin werden, dafür könnte ich mir vorstellen, Vorträge zu halten, weiterhin zu schreiben, Kurse zu kreieren und auch Menschen zu heilen. Ein Teil meiner Träume ist auch schon in Erfüllung gegangen, da du in diesem Moment meine Worte liest.

Schreiben wir also unsere Kindheitsträume auf, ohne uns selbst zu verurteilen oder sie ins Lächerliche zu ziehen. Also bitte nur die Wahrheit, egal wie peinlich oder unrealistisch sie uns auch erscheinen mag. Meistens sind diese Ideen die besten und wichtigsten! Listen wir alles auf und schauen, ob Elemente unserer Kindheitsträume in unserer aktuellen Liste noch vorhanden sind.

Einfach anfangen

Wie oft denken wir, dass wir uns mit der richtigen Vorbereitung sicherer fühlen. Noch ein Workshop, noch eine Ausbildung, ein Kurs oder ein Buch. Die Liste mit den Dingen wird immer länger. So schieben wir unser Vorhaben immer weiter hinaus.

Wir glauben, dass mehr Selbstsicherheit mit mehr Wissen kommt. Was in manchen Fällen sicherlich auch Sinn macht. Es gibt Berufe, die eine lange Ausbildung und viel Wissen benötigen. Es gibt aber auch Bereiche im Leben, in denen wir einfach ins kalte Wasser springen können.

Hier geht es darum, etwas zu tun, wovor wir Angst haben, was wir uns aber dennoch aus tiefstem Herzen wünschen. Es geht um einen Schritt, der uns näher zu uns selbst führt. Und dieser Schritt kann Angst machen, da wir uns zu unserem größten Schatz hinbewegen. Wir tun das Richtige, zeigen Courage und entscheiden uns für uns selbst.

Als ich vor einiger Zeit in Ubud sah, dass eine Diskussionsrunde für Menschen mit „Public Speaking Fear“ stattfand, war ich mir ganz sicher, dorthin gehen zu müssen. Ich hatte natürlich tierisch Angst, doch ich wusste, dass dahinter eine große Chance für mich liegt. Außerdem sah ich die Info für dieses Event exakt ein paar Tage, nachdem ich mich dazu entschied, meine wahre Stärke zu leben und nicht mehr davonzulaufen.

Als ich dann vor dem Raum stand, wäre ich am liebsten wieder gegangen, da es ganz unangenehm in der Magengegend wurde. Ich atmete ein paar Mal tief ein und aus. Ich wusste, dass ich mir selbst den Gefallen schuldig war und da reingehen musste. Wäre ich einfach wieder gegangen, dann wäre ich unglaublich enttäuscht von mir gewesen.

Jedes Mal, wenn wir etwas aufschieben, entscheiden wir uns bewusst oder unbewusst gegen uns selbst. Wir halten uns selbst dann nicht für wichtig und lassen die Angst über uns regieren. Und damit schmälern wir unseren Selbstwert. Niemand anderes tut es dann, sondern wir selbst. Tun wir uns also selbst den Gefallen, nehmen wir unsere Angst nicht allzu ernst und entscheiden wir uns für unser Herz!

Wenn wir uns für unser Herz entscheiden, dann erlauben wir uns selbst, dass sich die Dinge natürlich und voller Freude und Leichtigkeit entwickeln. Wir werden unsere Entscheidungen dann nur selten hinterfragen, da es ja unser Herz ist, das uns führt. Und das Herz kennt keine Angst, denn es weiß, wer wir sind und was gut für uns ist.

Unsere Energie verändert sich mit dem Tun

Eine der wichtigsten Erfahrungen, die ich in den letzten Jahren gemacht habe, ist, dass sich die Energie durch unser Handeln verändert. Das bedeutet, wir kreieren um uns herum eine Art Aktions-Energie, die uns vollkommen unterstützt, sobald wir uns dazu entscheiden, unseren Weg zu gehen und unserem Herzen zu folgen.

Jedes Mal, wenn ich mich zu etwas entschied und den ersten Schritt ging, wurden mir die richtigen Menschen, Informationen, Geld und auch Motivation geschenkt. Für mich ist das ein Zeichen dafür, dass ich auf dem richtigen Weg bin und auf diese Weise wundervolle Unterstützung erhalte.

Dabei ist es wichtig, dass wir auf diesem Weg bleiben. Wenn uns das Universum all die Informationen und Möglichkeiten schickt, wir sie aber nicht in Anspruch nehmen, dann zeigen wir damit, dass wir es nicht wirklich wollen.

Nehmen wir also die wundervollen Möglichkeiten für uns an.

Seien wir dankbar und gehen wir den nächsten Schritt.

So kommen wir in den Flow und können mit Leichtigkeit voranschreiten.

Tun wir also schon heute etwas für uns und nicht erst morgen. Schieben wir es nicht auf, sonst signalisieren wir damit, dass wir noch nicht bereit sind.

Auch in Zukunft wird es den richtigen Zeitpunkt nie geben. Denn der richtige Zeitpunkt ist immer jetzt!

Kapitel 4

Flow

Wir und das Universum

Ganz egal, wofür wir uns in unserem Leben entscheiden, welchen Weg wir einschlagen: Wir erhalten konstant Unterstützung. Auch wenn es sich nicht immer so anfühlen mag.

Auch in schwierigen Zeiten führt uns das Universum. Es ist nicht immer auf Anhieb ersichtlich. Vieles macht erst keinen Sinn, im Nachhinein aber schon.

Wie viele von uns hatten schon Momente, in denen sie realisierten: „Ah! Dafür war die Erfahrung also gut."

Vertrauen wir den Zeichen, die uns das Universum oder unsere Intuition schickt. Sie sind wertvoller, als die Hinweise unseres Verstandes.

Wir sind nie allein. Wir müssen nur genauer hinschauen und in uns hineinhorchen.

Das Universum unterstützt uns

Durch unsere innere Stimme können wir erkennen, wann wir uns auf dem richtigen Weg befinden und wann wir uns in einer Sackgasse befinden. Doch viel zu oft hören wir nicht darauf, sondern folgen unserem „Verstand". Es ist nur so, dass unser Verstand auch nicht alles weiß. Wenn wir an uns arbeiten, kann es uns gelingen mitzubestimmen, wie viel Einfluss er auf uns und unsere Entscheidungen hat. Natürlich brauchen wir unseren Verstand, doch er darf bei manchen Entscheidungen nicht die Oberhand gewinnen. Da gilt es, auf unser Gefühl zu achten. Unser Verstand limitiert uns. Er sagt uns, was möglich ist und was nicht. Doch oft flüstert uns unser Gefühl etwas ganz anderes zu. Nämlich: „Tu es, folge deinem Herzen!" Währenddessen schreit unser Verstand: „Bist du verrückt? Du kannst doch nicht so unvernünftig sein! Du kannst das nicht. Glaubst du denn, du wärst besser als andere?" Der Verstand hilft uns bei vielen Dingen, doch in solchen Situationen ist er keine Hilfe.

Jeder, der schon einmal im Flow war und seiner Leidenschaft gefolgt ist, kennt dieses unglaublich tolle und mystische Gefühl, das einen ganz unerwartet überkommt und inspiriert. Alles scheint dann möglich zu sein. Die Ideen sprudeln dann nur so aus uns heraus und wir sind im Einklang mit uns selbst. Wir tun in diesem Moment, was wir tun müssen. Und es fühlt sich so an, als ob da etwas Mächtigeres mitwirkt.

Wenn mich dieses Gefühl überkommt und eine neue Idee in mir brodelt, dann bekomme ich Gänsehaut und manchmal sogar Tränen in die Augen. Ich weiß in dem Moment, dass ich diesen Ideen nachgehen sollte. Ich war nicht immer so sensibel und empfänglich. Das fing alles an, als ich begann, bewusster zu leben. In meinem Buch „Freiheit beginnt im Kopf“ gehe ich auf meine Entwicklung in dieser Zeit noch etwas genauer ein.

Woher kommt dieses Gefühl?

Manche nennen es Gott, andere das Universum, die Essenz des Lebens, wieder andere sprechen von unserem Unterbewusstsein, dem Zentrum der Kreativität, dem Bauchgefühl oder unserem wahren Ich. Es ist egal, wie wir es nennen oder was es genau ist, solange wir darauf hören. Denn dieses Gefühl oder diese Stimme ist in der Lage, unserem Leben Sinn zu geben, uns den Weg zu zeigen, unser Leben mit mehr Leidenschaft zu füllen und uns in Einklang mit unserer wahren Natur zu bringen. Wenn wir dieses

Gefühl verlieren, sind wir nicht mehr mit uns verbunden. Daher ist dieses Gefühl so wichtig. Es ist alles. Es ist die Quelle, in der all unsere Ideen entspringen. Es macht unser Leben erst lebenswert.

Die Ideen, die ich in den letzten Jahren hatte, die mich wirklich erfüllt und zu einem glücklichen Menschen gemacht haben, sind Impulse, die mir das Universum schickt. Der eine oder andere mag jetzt vielleicht schmunzeln, aber so funktioniert es für mich und für viele andere Menschen auch.

Ich glaube daran, dass wir wie ein Instrument sind, durch das Ideen fließen. Wir sind dazu da, diese Ideen umzusetzen und zu Materie werden zu lassen. Wenn wir aber nicht mit unserer Mitte verbunden sind, geht diese Inspiration und somit unsere Lebensaufgabe verloren. Sie verabschiedet sich nicht. Wir können sie einfach nur nicht mehr hören.

Ich setze mich jeden Tag für einige Minuten hin und erlaube mir absolute Stille. In dieser Stille steigen in mir Gedanken auf, die mich führen und mir zeigen, was zu tun ist. Andere setzen sich Ziele und formulieren To-do-Listen. Für mich funktioniert es so. Indem ich dem Leben und dem Universum mein uneingeschränktes Vertrauen schenke, werde ich belohnt.

Die Zeichen erkennen

Wir alle werden geführt – davon bin ich fest überzeugt. Ich selbst durfte schon des Öfteren die Erfahrung machen. Es ist ein wunderbares Gefühl, im Flow zu sein, sich leicht und unbeschwert zu fühlen und alles voller Freude geschehen zu lassen. Die Dinge passieren einfach, ohne Aufwand und ohne etwas zu erzwingen. In dem Moment wissen wir einfach, wer in unserem Leben sein soll, was wir machen und wovon wir leben sollen.

Wenn ich meiner Intuition nicht folge, läuft alles mühsam. Das Schreiben macht mir keinen Spaß, ich folge Meinungen anderer, statt meiner eigenen Stimme und es ist auch keine Seltenheit, dass ich in diesen Phasen krank werde.

Wir sind hier, um glücklich zu sein und mit einem Lachen aufzuwachen. Das Leben sollte nicht mühsam und nervenraubend sein. Es sollte einfach sein und wir sollten ein Gefühl dafür haben, was für uns richtig und was falsch ist.

Unsere Intuition gibt uns jeden Tag Signale, die wir entweder wahrnehmen oder ignorieren können. Nehmen wir diese Wegweiser wahr, dann können wir in den Flow gelangen und es wird jedes Mal einfacher. Wenn wir diese Signale ignorieren und nur unseren Verstand regieren lassen, dann wird es komplizierter. Es kostet mehr Energie und es kann uns in die falsche Richtung führen.

An den Kreuzungen des Lebens

Manchmal befinden wir uns in Situationen, in denen wir schnell eine Entscheidung treffen müssen. Und oft geben uns unsere Intuition und unser Verstand gleichzeitig ein Zeichen.

Letztes Jahr flog ich von Bali nach Darwin, weil ich wegen des Visums ausreisen musste. Zwei Tage wollte ich bleiben und dann wieder ins schöne Ubud zurückkehren. Als ich in Darwin ankam und meinen Flug zurück nach Bali buchen wollte, bekam ich jedoch keine Buchungsbestätigung. Auch meine Telefonanrufe bei der Airline waren erfolglos. Dennoch fuhr ich zwei Tage später zum Flughafen und ging zum Check-in. Ich erhielt tatsächlich ein Ticket, doch die Airline wollte mich nicht fliegen lassen, da ich keinen Rückflug von Bali gebucht hatte. Die meisten Airlines ließen mich bisher dennoch einreisen, doch einige wenige handhaben es eben etwas strikter. In solchen Situationen diskutiere ich nicht, es hätte eh keinen Sinn.

Stattdessen setzte ich mich für ein paar Minuten hin und überlegte, ob ich einen Umweg über Singapur oder Kuala Lumpur in Kauf nehmen sollte, um doch noch nach Bali zu gelangen. Doch ich entscheid mich dafür, ein paar Minuten die Augen zu schließen und in mich hineinzuhorchen. Dabei kam in mir hoch, dass ich noch in Australien bleiben sollte. Ich schickte also eine Nachricht ins Universum hinaus: „Wenn ich noch hier bleiben soll, dann schick mir einen supergünstigen Flug nach Brisbane.“ Ich checkte die Flüge von Darwin nach Brisbane. Und tatsächlich entdeckte ich plötzlich einen außergewöhnlich preiswerten Direktflug, der schon in zwei Stunden startete. Ich traute meinen Augen kaum und checkte ein paar Minuten später noch einmal, ob der Flug wirklich real war oder ob ich einfach nur vollkommen übermüdet war. Doch der Flug war auf keiner Website mehr zu finden! Daher ging ich zum Serviceschalter der Airline und fragte nach. Gab es tatsächlich diesen Flug nach Brisbane? Japp, den gab es und der Preis stimmte auch. Ich musste grinsen und buchte den Flug.

Früh morgens holte mich dann eine Freundin vom Flughafen in Brisbane ab. Sie hatte sich riesig darüber gefreut, dass ich mich so spontan dazu entschieden hatte, sie zu besuchen.

Ich verbrachte mehrere Wochen an der Gold Coast und in Byron Bay. Genoss es, jeden Morgen am Strand spazieren zu gehen, wachte im Flow auf und war einfach superdankbar. Es war eine goldrichtige Entscheidung, meiner Intuition zu folgen, statt etwas erzwingen zu wollen, was in dem Moment für mich nicht richtig war.

Und wenn ich zurückblicke, kann ich ganz klar sagen, dass jede Situation, in der ich mich gegen meinen Verstand und für mein Gefühl entschieden habe, etwas Goldrichtiges mit sich brachte. Die richtigen Menschen sind auf diese Weise in mein Leben getreten. Und ich habe viele Situationen erlebt, die mir Fortschritt und Veränderung brachten, und einfach nur pures Glück. Ich bin jedes Mal unglaublich dankbar für diese Intuition, da sie um so viel klüger und mächtiger ist als unser Verstand und uns niemals im Stich lässt. Unsere Intuition will uns helfen, sie will uns auf den richtigen Weg bringen und sie weiß, was für uns gut ist!

Natürlich brauchen wir auch unseren Verstand, der uns sagt, dass es gefährlich ist, von einer Brücke zu springen oder verdorbenes Fleisch zu essen... ;-)

Doch mir geht es hier um Situationen, in denen unser Verstand uns von notwendigen Veränderungen abhält.

Die richtigen Verbindungen erkennen

Genauso sieht es mit Menschen aus, die wir Tag für Tag treffen. Manche Menschen lernen wir kennen und haben direkt eine Verbindung zu ihnen. Es fühlt sich so an, als ob wir sie schon ewig kennen. Vielleicht ist das auch manchmal der Fall ;-) Wenn wir von diesen Menschen umgeben sind, können wir echt sein und müssen uns nicht verstellen. Es sind authentische Verbindungen, die uns erfüllen.

Natürlich müssen diese Verbindungen nicht für immer halten. Manchmal trennen sich die Wege. Das ist aber vollkommen okay, wenn man akzeptiert, dass man im Hier und Jetzt lebt und nicht alles für immer hält. Wir verändern uns stetig und alles um uns herum auch. Es gibt aber auch Verbindungen, die das ganze Leben halten.

Manchmal lernen wir Menschen kennen und empfinden sofort eine Abneigung ihnen gegenüber. Oft können wir uns nicht erklären, woher dieses Gefühl kommt. Früher habe ich dennoch versucht, mit diesen Menschen warm zu werden. Doch letztlich war es nur eine Zeitverschwendung. Es gibt einen Grund für dieses Gefühl, wir sollten es einfach akzeptieren und uns lieber auf die Verbindungen konzentrieren, die sich richtig anfühlen.

Unser Körper spricht mit uns

Manchmal läuft rein gar nichts, wie es laufen sollte. In solchen Situationen beschwert sich oftmals auch unser Körper. Diese Signale sind dann ganz offensichtlich und sollten niemals ignoriert werden. Denn so kann sich alles nur noch verschlimmern. Unser Körper beginnt dann noch lauter zu sprechen und sagt uns ganz klar, wo wir uns nicht im Flow befinden und was wir ändern müssen. Es ist der einfachste und offensichtlichste Weg, über den das Leben mit uns kommunizieren kann.

Ich durfte dies mehrfach auf die harte Tour erfahren, weil ich nicht sofort hören und lernen wollte. Diese Prozesse sind manchmal sehr langsam und kosten mich somit auch sehr viel Kraft.

Während meines Studiums war ich dauerkrank. Auch das war ein Zeichen dafür, dass ich den falschen Weg eingeschlagen hatte. Beziehungen können uns ebenfalls krank machen, wenn sie nicht zu uns passen oder uns zu Verhaltensmustern verleiten, die uns nicht guttun.

Der Körper spricht aber auch im positiven Sinne mit uns. Wenn ich etwas tue, was im Einklang mit meiner Intuition ist, bekomme ich Gänsehaut oder muss kurz vor Freude weinen. Ich weiß einfach, dass es richtig ist, und mein Körper kommuniziert in diesen Momenten ganz klar mit mir.

Situationen und Menschen mit den richtigen Botschaften

Seit einigen Jahren versuche ich allen Menschen genau zuzuhören, weil ich von jedem einzelnen etwas lernen kann. Nicht, dass ich vorher nicht zugehört hätte, doch ich habe nicht jede Information als so wertvoll empfunden.

Es gibt aber diese Momente, in denen wir ganz genau wissen, dass eine bestimmte Information superwichtig ist und unser

Leben verändern kann. Das Leben kommuniziert über die unterschiedlichsten Wege mit uns.

Oft sind es die kleinen Hinweise, denen wir folgen sollten. Manchmal hat man dann das Gefühl, in ein bestimmtes Café gehen zu müssen, einen anderen Weg einschlagen zu müssen oder einfach irgendwo sein zu müssen, wo wir sonst nicht wären. Dafür gibt es Gründe. Denn genau in solchen Situationen treffen wir Menschen, die für unser Leben eine wichtige Rolle spielen werden. Vielleicht finden wir auch etwas, das wir dringend benötigen oder wir können einer anderen Person helfen.

Ignorieren wir diese kleinen Hinweise nicht. Sie können einen Unterschied ausmachen und Großes bewirken.

Hören wir auf diese Zeichen. Wenn wir unseren inneren Kompass ignorieren, dann können die nötigen Ereignisse und Menschen nur schwer in unser Leben treten.

Kämpfen wir also nicht gegen unsere Natur an, sondern lassen wir uns von unserer inneren Stimme führen.

Woher kommt die Inspiration?

Inspiration kommt nicht immer dann, wenn man sie sich wünscht. Manchmal findet man sie sogar mitten in der Nacht oder um drei Uhr morgens, während einer Autofahrt, einer Yogastunde oder beim Zahnarzt. Wahre Inspiration lässt sich nicht lenken. Sie kommt und überrollt uns manchmal einfach.

Zerstören wir unsere Eingebungen nicht mit negativen Gedanken. Lassen wir sie zu.

Wachst du auch manchmal mitten in der Nacht auch? Oder vielleicht sogar regelmäßig?

Schon der Poet Rumi sagte vor fast 1000 Jahren:

"The breeze at dawn has secrets to tell you.
Don't go back to sleep.
You must ask for what you really want.
Don't go back to sleep.
People are going back and forth across the doorsill
where the two worlds touch.
The door is round and open.
Don't go back to sleep."

Was wollte er uns damit also mitteilen? Mir fallen dazu spontan zwei Interpretationen ein. Zum einen geht es sicherlich darum, dass wir schon am frühen Morgen aus unseren alten Gewohnheiten ausbrechen und präsent sein sollten. Wir sollen nicht in alte Muster verfallen. Zum anderen weist uns Rumi hier darauf hin, dass uns zu diesem Zeitpunkt eine Tür zu einer anderen Welt offensteht.

Vor etwa einem Jahr hatte auch ich ein solches Erlebnis. Ich wohnte in einem Hotel in Bad Neuenahr und arbeitete immer mal wieder an der Fertigstellung meines ersten Buches. Doch zu diesem Zeitpunkt war ich nicht wirklich im Flow. Eines Nachts bin ich plötzlich wachgeworden und konnte nicht mehr einschlafen. Ich versuchte es eine halbe Stunde lang, doch es klappte einfach nicht. Natürlich schossen mir tausend Gedanken durch den Kopf. Ich befürchtete, dass vier Stunden Schlaf mir niemals ausreichen würden.

Doch ich entschied mich dazu, meinen Laptop aufzuklappen und zu schreiben. Ich schrieb und schrieb über viele Stunden. Es lief wunderbar und ganz von allein.

Angeblich soll gegen vier Uhr morgens unsere kreativste Zeit des Tages sein. Es soll die Zeit sein, in der wir wirklich mit unserem höheren Ich verbunden sind. Es ist ruhig, friedlich und nichts stört oder unterbricht uns. Falls du also auch dieses Phänomen erleben solltest, geh nicht wieder schlafen, sondern steh auf!

Du wirst dich vielleicht wundern, woher plötzlich die richtigen Ideen kommen und warum du so klar denken kannst. Und bitte mach nicht denselben Fehler wie ich und fang an zu rechnen, wie wenig du erst geschlafen hast und dass du so niemals den Tag überstehen kannst. Ich muss dazu sagen, dass ich es liebe, lange zu schlafen.

Steh einfach auf und tu, was zu tun ist. Und wenn du später müde sein solltest, dann meditiere einfach für 20 Minuten. Das ersetzt den Schlaf, der dir fehlt.

Der große Vorteil von Inspiration

Wenn wir von einer Idee oder einem Projekt inspiriert werden, dann lösen sich alle unsere Fesseln und Begrenzungen auf. Unser Verstand überschreitet sie und unser Bewusstsein breitet sich in alle Richtungen aus. Wir finden uns so in einer neuen, wundervollen Welt wieder. Schlummernde Kräfte, Fähigkeiten und Talente werden zum Leben erweckt und wir entdecken, dass wir größer sind, als wir es uns jemals in unseren wildesten Träumen hätten ausmalen können.

So werden wir belohnt, wenn wir unserer Inspiration folgen.

Entfernen wir also die Fesseln, die uns von all dem trennen, was wir ausleben wollen. Doch unsere Taten müssen unseren Gedanken und Gefühlen entsprechen, sonst entstehen Dysbalancen.

Es ist also an der Zeit, die Inspiration auf sich wirken zu lassen, in Aktion zu treten und umzudenken. Wenn wir unsere Sichtweise ändern, verändern sich damit auch die Dinge selbst.

Gedanken bestehen aus Energie und haben so auch die Macht, unser Leben zu verändern. Unsere Gedanken stärken oder schwächen uns. Es ist ganz alleine unsere Entscheidung. Viele ziehen Dinge in ihr Leben, die sie gar nicht haben wollen, nur weil ihre Gedanken darauf ausgerichtet sind.

„Es wird eh nicht passieren."

„Es ist zu schwierig."

„Ich habe kein Glück."

„Ich bin nicht dazu in der Lage."

Wenn wir so denken, dann werden wir auch recht behalten. Denn die Gedanken, die wir aussenden, werden sich auch manifestieren. Solange wir glauben, dass wir etwas nicht können, werden wir es auch nicht bekommen, weil wir genau das an das Universum weiterleiten. Warum sollten wir auch etwas bekommen, was wir gar nicht haben wollen? So einfach funktioniert das Gesetz der Anziehung.

Einstein sagte mal, dass jeder von uns eine Entscheidung treffen muss und es wird die wichtigste Entscheidung unseres Lebens sein: Leben wir in einem freundlichen Universum oder in einem feindseligen?

Wenn wir davon ausgehen, dass wir in einem freundlichen Universum leben, dann werden wir zusehen, dass wir mit ihm kooperieren. Weil es uns das gibt, was wir in unserem Leben haben möchten. Wir werden immer wieder nach Hinweisen schauen, die uns auf unserem Weg unterstützen, und wir werden sie auch erhalten.

Wenn wir aber das Gefühl haben, in einem feindseligen Universum zu leben, dann vertreten wir eine ganz andere Position. Dann ziehen wir negative Dinge in unser Leben statt positive.

Dann werden wir zu einer der Personen, die sich an allem und jedem stören. Und selbst dabei gibt es unendlich viele Möglichkeiten. Jemand könnte uns stören, weil er zu groß, zu laut, zu dick ist. Oder es könnte an der Frisur, am Akzent oder an dem T-Shirt liegen. Wenn wir diese Einstellung vertreten, dann kann uns das Universum auch nichts Gutes schenken.

Wenn wir aber positiv sind, dem Leben Vertrauen schenken, uns öffnen und die Zeichen erkennen, dann macht plötzlich alles Sinn. Dann erkennen wir, dass alles aus einem bestimmten Grund passiert. Denn nichts ist Zufall. Und genau in diesem Moment treten wir in ein anderes Leben über.

Dann wissen wir ganz genau, dass wir das bekomm
wir wollen. Sorgen wir also dafür, dass es nur Dinge sind, die wir auch in unserem Leben haben möchten.

„Alles in unserem Leben ist die sichtbare Manifestation unserer Gedankenformen, die wir bewusst oder unbewusst produziert haben.“

John Randolph Price

Wenn wir wissen, dass wir vom Universum unterstützt werden, dann kann uns keiner mehr von unserem Vorhaben abhalten. Unser Verstand scheint dann alle bisherigen Begrenzungen aufzulösen und wir begeben uns auf das Gebiet unendlicher Möglichkeiten. Es erscheint uns wie ein Schlaraffenland und es wird nichts ausgelassen.

Jeder weiß, dass Kinder keine Begrenzungen haben. Dort, wo sie herkommen, gibt es ja auch keine Begrenzungen. So können auch Erwachsene leben, wenn sie unnötige Glaubensmuster ablegen und die Welt völlig offen durch die Augen eines Kindes sehen.

Unser Bewusstsein breitet sich in alle Richtungen aus

Es gibt kein Unten und kein Oben. Kein Rechts und kein Links.

Wenn wir uns auf diese Ebene begeben, werden wir uns dabei wiederfinden, Dinge zu tun, die wir selbst nicht verstehen. Doch wir haben das sichere Gefühl, dass es genau das ist, was wir tun müssen, auch wenn sich uns der Sinn in diesem Moment nicht erschließt. Aber im Nachhinein werden wir es verstehen. Es ist ein Gefühl, dem wir folgen und vertrauen.

Wir sind nicht nur Fleisch und Knochen. Wir haben eine Seele und Gefühle, denen wir folgen. Nicht alles kann erklärt werden und das ist auch gut so.

„Die physische Welt ist unsere Schöpfung. Jeder von uns erschafft seine eigene Version von der Welt, seine eigene Wirklichkeit und einzigartige Lebenserfahrung. Da mein Leben eine Manifestation der Energie ist, die ich kanalisiere, kann ich aus meiner Schöpfung ein Feedback über mich selbst erhalten. Wie ein Künstler, der sein neuestes Werk begutachtet, können auch wir die fortwährende Gestaltung unseres Lebens betrachten und Rückschlüsse auf uns selbst ziehen. Wir können an der von uns selbst geschaffenen Wirklichkeit erkennen, was wir noch lernen müssen."

Shakti Gawain

Kapitel 5

Unlearn

Weshalb sind wir hier?

Viele von uns rennen orientierungslos durch das Leben. Die vorgegebenen Wege scheinen nicht mehr glücklich zu machen, weshalb nach einer Weile die Frage nach dem Warum aufkommt. Und genau damit beginnt auch die Suche nach mehr. Mehr als nur das, was wir zu kennen und zu wissen glauben.

Und genau in dieser Phase haben wir die große Chance uns von vielen Mustern zu verabschieden, die uns nicht mehr dienen.

Denn wir sind reine Liebe, auch wenn es sich an manchen Tagen nicht so anfühlen mag und das Leben einfach nur schwer zu sein scheint. Jeder hat solche Phasen. Es ist vollkommen normal und keiner sollte sich dafür verurteilen.

Lasst uns gemeinsam verlernen, was verlernt werden muss.

„When we no longer know what to do,
we have come to our real work.
And when we no longer know which way to go,
we have begun our real journey.“

—Wendell Berry

Das mentale Gefängnis verlassen

Wir werden in ein Leben mit unendlich vielen Möglichkeiten hineingeboren. Oder besser gesagt: Wir selbst sind unendlich.

Doch im Laufe der Zeit werden wir durch unsere Erziehung und unsere Erfahrungen in bestimmte Bahnen gelenkt. Wir lernen, wie wir es schaffen, in dieser Welt zu funktionieren. Wir fühlen uns, als hätte man uns in vorgefertigte Schablonen gepresst. Obwohl unsere Möglichkeiten nach wie vor unbegrenzt sind, nimmt unser Verstand mit der Zeit gewisse Muster an, wodurch wir vieles nicht mehr wahrnehmen können.

Wir lernen, was normal und was nicht normal ist, was sicher und was unsicher ist. Wir erfahren, wie ein normales Leben auszusehen hat. Was wir besitzen sollten, wie wir unseren Alltag gestalten sollten. Was wir konsumieren sollten. Wie unsere Bildung aussehen sollte. Wann Kinder gut erzogen sind und wann nicht. Wann wir verrückt und wann wir normal sind. Ab welchem Alter wir verheiratet sein sollten. Wie lange wir arbeiten müssen. Und in welchem Alter wir aufhören sollten zu arbeiten.

Klingt das nicht alles vollkommen verrückt?

Das ist aber die Normalität für die meisten von uns. Auch wenn wir momentan in einer Zeit leben, in der sich vieles schnell verändert und entwickelt.

We have to unlearn

Daher wäre es wichtig, vieles, was wir gelernt haben, zu hinterfragen und wieder bei Null anzufangen. Vieles begrenzt uns einfach viel zu sehr und hält uns klein. Und wenn wir nicht wachsen, besteht die Gefahr, dass wir zu Marionetten werden. Doch das ist nicht unsere Bestimmung. Wir sind nicht hier, um die Erwartungen anderer zu erfüllen. Wir sind nicht hier, um begrenzt zu sein. Und wir sind nicht hier, um Angst zu haben.

Es gibt mehr als nur das, was uns beigebracht wurde und wird. Wenn wir alte Denkmuster hinter uns lassen, werden wir nach und nach fühlen, was echt ist und was unser mentales Gefängnis ist. Wir werden uns immer weniger damit anfreunden können, dass unsere Realität begrenzt ist. Wir werden unser Bewusstsein erweitern und sehen, dass das Leben gar nicht so ernst ist.

Welche Pille wählen wir: die rote oder die blaue?

Im Film „The Matrix“ muss sich Neo entscheiden, ob er die rote oder die blaue Pille schlucken möchte. Eine bringt ihn zurück in sein altes Leben und alles bleibt so, wie es war. Die andere Pille zeigt ihm, wie die Welt wirklich aussieht und funktioniert. In dieser Szene liegt sehr viel Wahrheit.

Die Frage ist also: Welche Pille würden wir wählen? Wenn wir uns für die rote Pille entscheiden, dann erkennen wir, dass wir in der Lage sind, uns unsere Träume zu erfüllen. Denn wir haben unbegrenzte Möglichkeiten und könnten ein Leben voller Glück und Liebe hier auf diesem Planeten führen. Die Fähigkeit dazu wäre vorhanden…

Denn es scheint genauso wie in „The Matrix“ zu sein. Unsere Gedanken werden durch sehr viel Input von außen konstant manipuliert. Wir sehen die Welt, wie sie uns verkauft wird und nicht, wie sie ist. Wir sind nämlich nicht frei von Einflüssen. Die meisten von uns können nicht frei denken und das wahrnehmen, was da ist.

Die Matrix ist also das Leben, das wir täglich leben. Das, was wir wahrnehmen und für möglich halten. Nämlich ein Leben in Dualität.

Verlassen wir die Matrix, eröffnen sich uns Möglichkeiten, fernab von dem, was wir kennen und uns durch die Medien verkauft wird. Wir können im Paradies leben, doch müssen wir unseren Verstand dafür „befreien".

Wenn ich also etwas in den letzten Monaten gelernt habe, dann ist es, dass nichts so ist, wie es zu sein erscheint und alles antrainiert oder sogar programmiert ist.

Ist es möglich, dass wir in einer Traumwelt leben, wie in dem Film „The Matrix"?

Was glaubst du?

Alles vergessen, was wir zu wissen glauben

Es ist ganz allein unsere Entscheidung, welche Realität wir wählen. Akzeptieren wir Fremdbestimmung und Kontrolle? Oder wollen wir ein Leben in Fülle und Freiheit führen?

Es wird sicherlich ab und zu Rückschläge geben, doch letztlich werden wir immer zurück zu unserer wahren Natur finden. Wenn wir uns für die Freiheit entscheiden, dann wird sich auch diese Tür für uns öffnen. Dann können wir erkunden, wer wir in Wirklichkeit sind und welche Möglichkeiten dieses Leben für uns bereithält.

Es kann magisch sein. Wir können uns all unsere Wünsche erfüllen – wenn sie von Herzen kommen!

Doch dafür müssen wir vieles vergessen und auch so manche Verbindungen auflösen. Wenn wir ein anderes Leben anstreben, können wir nicht alles beim Alten belassen. Sonst kann sich auch nichts verändern. Es ist sehr wichtig, dass wir das im Hinterkopf behalten!

Wenn wir uns etwas wünschen, was wir in diesem Moment noch nicht besitzen, dann müssen wir etwas Altes aufgeben. Vielleicht sind es bestimmte Gewohnheiten, Denkmuster, Freunde, unseren Job, unsere Ernährung oder unsere Einstellung.

Wir müssen uns also die Frage stellen: Wollen wir wirklich ein neues Leben führen?

Wenn wir glücklich und frei sein möchten, dann müssen wir uns dies auch erlauben und unser mentales Gefängnis aufgeben.

Trennung verursacht Leid

Soldaten werden jahrelange dazu ausgebildet, den „Feind“ zu besiegen. Es wird ihnen gezeigt, was richtig und was falsch ist. Was gut und was böse ist. So entsteht eine Separation. Zwischen einem Land und dem anderen. Zwischen Menschen, die an sich alle gleich sind. Ist der „Feind“ dann besiegt, so ist das Ziel erreicht. Voller Stolz und gebrochener Herzen geht es zurück „nach Hause“. Doch sind wir nicht überall auf diesem Planeten zu Hause? Ist dies wirklich etwas, worauf man stolz sein könnte? Stolz darauf, jemanden zu töten?

Ein Krieg bringt nur Verlierer hervor und keine Gewinner. Hier kann keiner gewinnen!

Kriege werden geführt, weil wir eine wichtige Sache vergessen haben und immer wieder vergessen:

Wir sind alle eins.

Wir sind alle Menschen.

Du, ich, unser Nachbar, unser Chef und auch unser „Feind“.

An sich gibt es keine Feinde. Denn es gibt niemanden zu besiegen. Wir müssen nicht „gewinnen“, letztlich können wir es auch gar nicht.

Wenn jemand in einem uns unbekannten Ort stirbt, so stirbt er doch in unserem Zuhause.

Selbst wenn jemand am anderen Ende der Welt stirbt, dann ist es unser Zuhause.

Ganz egal wo und wer, es passiert immer in unserem Zuhause.

Wir alle leben auf demselben Planeten und wir sind alle Menschen.

Wir sind alle Teil eines Ganzen und wir alle wollen im Herzen dasselbe.

Wir entscheiden uns für Separation und sorgen so dafür, dass Menschen sterben.

Wie können wir entscheiden, wer ein Feind ist und wer zu sterben hat?

Wir töten dabei uns selbst. Immer ein Stückchen mehr, bis wir leer sind.

Wir werden leer, weil wir wissen, dass da etwas Fatales falsch läuft.

Wir spüren, dass wir so einen großen Fehler begehen.

Wir entfernen uns damit immer mehr von unserem wahren Kern.

Und all das passiert nur, weil wir glauben, dass wir nicht eins sind.

Wir gehen davon aus, dass jeder für sich ist. Doch das sind wir nicht.

Wir sind alle miteinander verbunden.

Immer.

Es gibt kein Land, das besser wäre als das andere, keinen Glauben, keine Abstammung und keine Hautfarbe. Im Herzen wollen wir alle Frieden. Doch das vergessen wir einfach. Immer und immer wieder.

Auch in ganz alltäglichen Situationen scheinen wir das immer wieder zu vergessen. Wir streiten uns und glauben, dass wir recht haben. Wir sehen in anderen Menschen Dinge, die wir nicht an uns mögen und verachten andere dafür. Auch

Gewalt, sei es auf körperlicher oder mentaler Ebene, ist ein deutliches Zeichen von Separation.

Wir trennen uns auch immer mehr vom Göttlichen. Wir glauben nur noch an das, was unser menschlicher Verstand erfassen kann. Obwohl jeder im tiefsten Inneren weiß, dass dies nicht alles sein kann. Doch da ist so viel mehr… Und jeder von uns vermag auch so viel mehr.

"What if our religion was each other,
if our practice was our life,
if prayer our words?
What if the temple was the Earth,
if forests were our church,
if holy waters—the rivers, lakes, and oceans.
What if meditation was our relationships,
if the teacher was life,
if wisdom was self-knowledge,
if love was the center of our being."

Ganga White

Hinterfragen wir unsere Sicht der Dinge.

Das Konzept der Separation ist nicht real.

Wir alle sind eins.

Das Leben ist ein Tanz

Der Philosoph Alan Watt sagte einmal, das Leben sei wie ein Tanz. Recht hat er damit!

Das Universum ist spielerisch. Es muss nirgendwo hin, um irgendwo anzukommen. Es existiert genau dort, wo es sein soll. Genauso wie wir.

Wenn wir reisen, versuchen wir irgendwo anzukommen. In der Musik ist das völlig anders. Hier warten wir nicht auf die finale Sekunde des Liedes. Sonst wären die erfolgreichsten Lieder die, die am schnellsten wieder zu Ende sind. Ein Lied von 30 Sekunden wäre dann besser als eins, das 4 Minuten dauert. Menschen würden dann nur noch die letzten Sekunden des Liedes hören, da es nur um das Ende gehen würde.

Wenn wir tanzen, dann tanzen wir nicht, um in einer bestimmten Ecke des Raumes anzukommen, sondern einfach um zu tanzen. Und so ist es auch mit der Musik. Wir hören ein Lied, weil wir es mögen und weil wir es hören wollen.

Das Leben will also getanzt werden. Doch wir nehmen es oft nicht so. Stattdessen haben wir oft den Eindruck, dass es darum geht, verschiedene Lebensstufen zu erreichen und abzuarbeiten. Begonnen mit dem Kindergarten über die

Grundschule und weiterführende Schule und dann am besten bis hin zum Studium.

Viele arbeiten schon Jahre zuvor darauf hin, endlich im Hörsaal zu sitzen und eine vernünftige Ausbildung zu erhalten. Wer nicht studiert macht eine Ausbildung, die auf das Leben vorbereitet. Nach dem Studium oder der Ausbildung geht es dann raus in die Arbeitswelt.

Und auch da gibt es immer irgendetwas, worauf wir hinarbeiten müssen. Eins nach dem anderen. Haben wir die Beförderung oder Gehaltserhöhung in der Tasche, geht es weiter und weiter und weiter. Und dann sind wir irgendwann dort angekommen, wo wir ankommen wollen. Toll, oder?

Nur komischerweise fühlt es sich nicht anders an als zuvor. Man hat alles, was man wollte und ist noch immer nicht glücklich. Nur etwas gealtert.

Wer nur arbeitet, um Geld zu verdienen, und lebt, um irgendwann in Rente zu gehen, hat irgendwann keine Energie mehr. Wie hieße dann die nächste Station: Altersheim? Das wäre doch wirklich traurig, oder?

Das Leben ist keine Reise, die uns irgendwohin bringt. Immer und immer wieder. Abschlüsse, Erfolg, Hochzeiten, die Rente oder vielleicht sogar der Himmel nach dem Tod.

Es geht nicht darum, die letzten Sekunden des Liedes zu genießen.

Das ganze Leben ist ein Tanz. Wir müssen tanzen, solange die Musik spielt.

Jeder von uns hat eine Lebensaufgabe

Ich glaube, dass jeder von uns eine Aufgabe auf diesem Planeten zu erledigen hat.

Es gibt einen Grund, warum wir hier sind.

Ich würde sogar so weit gehen und behaupten, dass es eine unserer Aufgaben ist herauszufinden, was unsere Bestimmung ist und auch danach zu leben.

Es muss keine riesengroße Sache sein. Es kann auch etwas Kleines sein, solange es für uns Bedeutung hat. Wenn die kleinste Sache für uns die Welt bedeutet, dann ist sie somit eine große Sache für uns.

Ich habe fast zwei Jahre lang Reisegeschichten und Reisetipps verfasst, bis ich wirklich das tat, was ich tun sollte. Ich hatte die ganze Zeit das Gefühl, dass da etwas in mir ist, das raus möchte. Es wollte gelebt werden, nur hatte ich noch nicht den Mut, meiner wahren Passion nachzugehen.

Auch heute steigt noch ab und zu die Angst in mir hoch. Sie zeigt sich dann in Form von Selbstzweifeln. „Wie kann ich andern helfen, wenn auch ich ab und zu schlechte Tage habe?" „Müsste ich nicht immer zu 100% das leben, was ich anderen vermittle?" Doch ich bin auch nur ein Mensch und es gehört einfach dazu, auch mal einen schlechten Tag zu haben. Das ist normal und sollte einfach akzeptiert werden. Schlechte Tage bieten die Möglichkeit, komplett herunterzufahren oder sich kreativ auszutoben. Viele Künstler erschaffen ihre besten Werke in diesen Phasen. Egal, ob es Songs, Kunstwerke oder Bücher sind. Ich persönlich kann an diesen Tagen nichts machen. Ich setze mich erst gar nicht an den Laptop, sondern gehe spazieren oder mache wirklich rein gar nichts.

Jeder von uns hat eine andere Aufgabe, lassen wir uns also nicht von anderen beeinflussen. Für mich ist es das Schreiben und Heilen, das mir gegeben wurde und das ich teilen soll. Andere wiederum können fantastisch kochen, designen oder singen. Wieder andere wissen, dass sie Menschen heilen müssen und werden zu Ärzten, Krankenschwestern, Schamanen oder Therapeuten.

Kennst du das Gefühl, wenn du etwas erhältst, das überirdisch gut war? Zum Beispiel die beste Massage deines Lebens? Das liegt daran, dass du von jemandem massiert wurdest, der darin seine Bestimmung gefunden hat. Sowas spürt man sofort.

Während ich diese Zeilen schreibe, sitze ich in Chiang Mai (Thailand) in einem wunderschönen und gepflegten Café. Auf der Speisekarte finde ich sehr gesundes und leckeres Essen. Man sieht, spürt und schmeckt, dass dieses Café mit Leidenschaft geführt wird. Als ich die Besitzerin traf, wusste ich sofort, dass ich richtiglag. Sie liebt, was sie tut und was sie auf die Beine gestellt hat.

Es gibt aber noch viel zu viele Menschen, die nicht ihrer Leidenschaft nachgehen, die nicht ihr wahres Potenzial leben. Vielleicht liegt es daran, dass sie nicht wissen, was es ist. Vielleicht verschleiert auch die Angst vieles und macht es dadurch in diesem Moment noch unzugänglich. Aber auch das vergeht.

Ich habe so viele Emails von Lesern erhalten, die gerne etwas in ihrem Leben verändern wollen. Sie wollen voller Leidenschaft, Inspiration und Leichtigkeit leben, doch sie wissen nicht, was es ist und wie sie dahin kommen.

Ich glaube ja, dass es jeder im tiefsten Inneren weiß. Ich denke, dass es im Leben immer mal wieder hochkommt und sich zeigt. Doch vielleicht schieben wir es einfach wieder weg, weil es zu unbequem erscheint oder uns einfach Angst macht. Unser wahres Potenzial zu leben, kann Angst machen, das kann ich nur bestätigen. Doch die Belohnung, ein erfülltes und selbstbestimmtes Leben zu führen, ist einfach unglaublich.

Wir haben die Verantwortung dafür, unser volles Potenzial zu leben.

Jeder von uns hat eigene Talente. Ärzte und Heiler sind dafür verantwortlich uns zu heilen, wenn wir krank sind. Der KFZ-Mechaniker ist dafür verantwortlich unser Auto zu reparieren, wenn es nicht mehr funktioniert. Der Hotelbesitzer ist dafür verantwortlich, dass wir uns in seinem Hotel wohlfühlen und unsere Auszeit genießen. Der Busfahrer ist dafür verantwortlich, dass wir gut von A nach B kommen. Der Koch ist dafür verantwortlich, dass uns das Essen im Restaurant schmeckt. Egal, was es auch ist, jede Berufung bringt Verantwortung mit sich.

Was können wir anderen geben?

Zeigen wir, wer wir sind und was wir zu geben haben.

Lassen wir unser Leben für uns sprechen.

Doch wir haben nicht ewig Zeit. Verschwenden wir also unsere Zeit nicht, sondern geben wir der Welt, was wir zu geben haben.

Weshalb sind wir hier?

Meine Schlussfolgerung nach meinen Recherchen und auch nach meinen eigenen tiefen Erlebnissen führt immer wieder zurück zu derselben Erkenntnis. Das Wichtigste im müssen wir uns weder aneignen noch lässt es sich durch Geld erlangen noch benötigen wir dazu eine besondere Bildung...

Das Wichtigste ist so simpel und so schwierig zugleich. Es ist, was ich während des Workshops in Thailand sehen und spüren durfte. Es ist das, worüber so viele schreiben und dafür vielleicht belächelt werden. – Das Wichtigste ist die Liebe.

Sie lässt alles heilen, lässt Hass verschwinden, Grenzen überwinden und lässt uns von innen heraus strahlen. Sie lässt das Unmögliche möglich werden. Liebe kann die Angst in uns besiegen und Frieden in uns schaffen.

Unsere Bestimmung ist es, Liebe zu empfangen und diese Liebe weiterzugeben. Es geht darum, anderen zu helfen. Egal auf welche Weise wir dies tun, wir sollten anderen zu ihrem Glück verhelfen, damit auch sie den Weg zurück zu sich selbst finden. Wenn wir uns selbst lieben, dann machen wir auch automatisch das, was wir lieben. Durch unser Beispiel können wir das Wachstum anderer anstoßen. Indem andere sehen und spüren, was mit uns geschieht.

Das größte Geschenk, das wir anderen geben können ist Liebe und Glück. Wie wir das tun, spielt dabei keine Rolle. Wie gesagt, manchmal können es Kleinigkeiten sein, die für andere die Welt bedeuten.

Finden wir also zurück zu uns. Lassen wir alle Normen unserer Gesellschaft hinter uns. Wir können uns jeden Tag für oder gegen uns entscheiden. Für die Liebe oder gegen die Liebe.

Der Weg dahin kann holprig sein oder schwindelerregend wie bei einer Achterbahnfahrt. Langsam oder schnell. Es ist unser Weg und er ist genauso individuell, wie wir es sind.

Hören wir auf unsere innere Stimme und folgen wir ihr. Sie weiß nämlich ganz genau, wie unser Weg aussieht und wie sich pures Glück anfühlt.

Die Dringlichkeit dieses Themas

Wir leben in einer Zeit, in der viele Menschen nicht mehr mit sich selbst verbunden sind. Die äußere Welt mit all ihren medialen Ablenkungen ersetzt viel zu oft die innere Welt.

Diese Zeit fühlt sich falsch an, nicht nur für sehr sensible Menschen. Viele Menschen beginnen allmählich zu begreifen, dass die Entwicklung in die falsche Richtung läuft.

Letzten Endes sitzen wir alle im selben Boot. Wir alle sind dafür verantwortlich, in welche Richtung sich unsere Gesellschaft entwickelt.

Lassen wir es zu, dass einige Menschen die Macht an sich reißen und über andere wie Puppenspieler herrschen? Wenn wir nicht aufpassen, mutieren wir selbst zu Marionetten, obwohl wir frei geboren wurden und mit einem freien Willen ausgestattet sind (wenn sich unser Verstand von manchen Dingen lösen kann).

Es ist wichtig, dass wir zurück zur Liebe, zur Einfachheit und zur Natur finden.

Wir haben uns so sehr von unserer Mutter Erde distanziert, obwohl sie uns nährt und Boden zum Leben gibt. Wir sollten sie nicht behandeln wie einen Feind, sie nicht ausnehmen und vergiften. Wir sollten dankbar sein und sie schützen und bewahren.

Back to you

Die Impulse, die wir manchmal bekommen, die Freude und Lebendigkeit in uns hervorrufen, sind real. Diese Gefühle sind real. Diese Gefühle zeigen uns unser wahres Ich. So sind wir und so sollten wir uns immer fühlen.

Ich weiß, dass es nicht immer einfach ist. Doch es geht genau darum, diese Herausforderung anzunehmen und sich immer wieder daran zu erinnern, statt aufzugeben und ein Leben im Alltagstrott zu führen.

Wir sind hier, um Großartiges zu leisten. Wir sind hier, um glücklich zu sein und diesen Planeten ein Stückchen besser zu machen.

Wir alle befinden uns im selben Boot und haben Verantwortung zu tragen. Unsere Verantwortung ist es zunächst einmal, die Energie in uns zu steigern, unsere Gedanken zu beobachten und glücklich zu sein.

Es gibt ein kollektives Bewusstsein und wir alle steuern die Realität, die wir wahrnehmen. Wir müssen erkennen, wie viel Macht wir in unseren Händen halten und handeln. Wir können die Welt verändern.

Es geht darum, sich zu erinnern

Bei all der Verrücktheit unserer Gesellschaft vergessen wir manchmal, weshalb wir hier sind. Wir vergessen unsere wahre Essenz. Wir vergessen unser Herz und lassen uns nur von unserem Verstand lenken. Wir geben unserem Intellekt mehr Gewicht als unserem Gefühl. Dabei ist unser Gefühl oft viel klüger und zudem in der Lage, uns auf den richtigen Weg zu führen. Unser Gefühl hilft uns dabei, zwischen dem zu unterscheiden, was gut und was schlecht für uns ist.

Es ist dieses Gefühl, das uns ganz plötzlich überkommt und sich sanft oder aber auch mächtig anfühlen kann. Es kommt mit Gänsehaut, Tränen oder Energieschüben daher. Es gibt uns das Gefühl, mit etwas Größerem verbunden zu sein. Und das sind wir auch in diesem Moment. Um genau dieses Gefühl geht es mir hier. Wir wissen dann, dass es mehr gibt, als unser Verstand erfassen kann. Und wir wissen, dass wir konstant geführt werden, wenn wir es zulassen.

Niemand muss „umprogrammiert" werden

Es macht mich sehr wütend, wenn ich das Wort „umprogrammieren" höre. Es ist mir über Monate hinweg immer wieder auf Bali begegnet. Hier bieten Heiler und Coaches an, ihre Kunden umzuprogrammieren, schlechte Eigenschaften in gute umzuwandeln und Ängste auszulöschen.

Es gibt sicherlich interessante Vorgehensweisen, die dem einen oder anderen auch helfen und vorerst Altes verschleiern. Auch ich war mal ein Fan solcher Techniken, doch in den letzten Jahren habe ich dazugelernt und gemerkt, warum es mich inzwischen wütend macht.

Wir alle sind einzigartig. Du, ich, unser Nachbar und der Barista, der unseren Kaffee serviert. Wir alle haben eine persönliche Geschichte zu erzählen, die uns zu der Person macht, die wir sind. Warum also nicht genau die Person sein, die wir wirklich sind? Natürlich ist es hilfreich, irrationale Ängste aufzulösen, um leichter durch das Leben zu schreiten. Es ist wichtig, bestimmte Muster im eigenen Verhalten zu erkennen und sie abzulegen, wenn sie uns nicht mehr dienen. Aber es geht nicht darum, uns umzuprogrammieren.

Was ich gelernt habe und für fundamental halte ist, dass wir authentisch sein müssen. Anstatt uns noch mehr Schichten anzulegen, mehr zu lernen, mehr zu tun, ist es viel wichtiger, erst einmal weniger zu tun und Schicht für Schicht aufzulösen. Wer befindet sich unter all den Schichten und hinter der Maske? Wer ist da in Wirklichkeit? Wer möchte da zum Vorschein kommen?

Ich würde es eher so bezeichnen: Es müssen alle Programme aufgelöst werden! Wir müssen uns komplett öffnen. Wir müssen so weit zurückgehen, bis wir am Kern sind und unser ureigenes Ich erscheint und wir spüren können, dass wir zu 100 Prozent präsent sind und nichts verstecken müssen.

Es geht also nicht darum, sich umzuprogrammieren und sich Neues anzueignen. Es geht darum, unsere Mitte zu finden. Unser wahres Ich. Unseren Zugang zu unserem Herzen.

Und erst wenn wir dort angekommen sind, wird ersichtlich, was wir wirklich wollen. Dann werden wir spüren, warum wir hier sind und was unsere Lebensaufgabe ist. Denn in diesem Moment lassen wir alles Erlernte, alle Programmierungen und alle Meinungen anderer hinter uns. Wir gönnen uns den Moment purer Authentizität und Verletzlichkeit. Wir sind einfach nur wir selbst. Und von dort aus können wir die richtigen Entscheidungen treffen. Denn zum ersten Mal treffen wir dann Entscheidungen aus dem Herzen heraus, die nicht reiner sein könnten.

Du bist deine Bestimmung

Es geht nicht darum, etwas Externes zu finden.

Es geht unser Leben lang darum, uns selbst zu finden.

Und da wir uns stetig verändern, ist dies eine Lebensaufgabe.

Der freie Ausdruck in allen Lebensbereichen ist das Ziel.

Dabei zu helfen, wo wir können und authentisch zu bleiben.

Natürlich geht es auch um tiefe Verbindungen zu anderen. Zu Familienmitgliedern. Zu Freunden. Zu Fremden.

Authentizität.

Kreativität.

Verbindungen.

Wachstum.

Authentisch sein

Alles, was ich bisher beschrieben habe, dreht sich um Authentizität. Es geht darum, ein echtes Leben zu führen, in dem wir uns widerspiegeln. So zu leben, wie es sich unsere Seele wünscht, wir es ihr aber vielleicht noch nicht erlauben. Authentizität kommt Hand in Hand mit Liebe und Passion. All diese Dinge sind miteinander verbunden.

Was will unser inneres Kind?

Wollen wir wild und frei sein?

Wollen wir uns kreativ austoben?

Als ich durch diesen Prozess ging, merkte ich erst, dass ich nicht mit mir selbst im Einklang war. Deshalb konnte ich mich auch nicht so ausdrücken, wie ich es wollte. Ich stand zu sehr unter dem Druck, normal sein zu wollen oder zu müssen und nicht zu sehr herumzuspinnen.

Unser wahres Ich verlangt manchmal nach ganz einfachen Dingen, wie kochen zu lernen, zu tanzen oder unsere Freunde zu sehen. Wenn diese Wünsche unserem tiefsten Herzen entspringen, dann erhalten sie dadurch eine große Bedeutung. Sie lassen uns von innen heraus scheinen, sobald sie erfüllt werden.

Meine Wünsche waren zu dem Zeitpunkt:

— Tanzen,
— Malen,
— Singen,
— neues äußeres Erscheinungsbild,
— und meine wilde Seite mehr ausleben

Ich bin wilder und freier, als ich es mir manchmal eingestehen möchte. Der Drang, dies auszuleben, zeigt sich aber immer wieder und wenn ich dem nicht nachgehe, vernachlässige ich mich selbst, werde unzufrieden und fühle mich nicht zu 100 Prozent anwesend. Es fühlt sich dann so an, als ob ein Teil von mir fehlen würde, den ich konstant versuche zu unterdrücken.

Dies frisst natürlich Energie, weil ich gegen mich selbst ankämpfe. Diesen Kampf kann ich natürlich nicht gewinnen und will es auch gar nicht.

Wenn wir authentisch und glücklich sind, dann trauen sich die Menschen um uns herum auch, ihr wahres Ich zu zeigen. Und wir brauchen mehr authentische Menschen, die sich nicht anpassen wollen. Menschen, die wissen, dass alles andere keinen Sinn macht. Dass es einfach nicht echt ist. Und alles, was nicht echt ist und nicht vom Herzen kommt, frisst uns auf.

Zeigen wir uns also. Seien wir sanft zu uns selbst und erlauben wir unserem wahren Ich zum Vorschein zu kommen.

Authentizität kommt aus dem Herzen.

Ohne zu urteilen.

Ohne sich zu begrenzen.

Authentizität ist die wahre Freiheit.

Wer sind wir?

Je mehr wir wieder im Einklang mit unserer Intuition sind, desto einfacher werden wir uns daran erinnern können, wer wir sind und was wir hier machen.

Wir können dann spüren, worum es hier auf diesem Planeten geht.

Wir müssen uns immer wieder daran erinnern, wer wir sind.

Ich hatte dieses Gefühl verloren. Es hat sich angefühlt, als ob ich mich selbst verloren hätte. Es hat ein halbes Jahr gedauert, bis ich allmählich wieder zurückkam. Es war ein verrückter Prozess mit extremen Höhen und Tiefen. Ich fühlte mich zeitweise wie im Krieg mit mir selbst und es schien kein Entkommen zu geben.

Nach und nach fing ich aber wieder an, mich zu erinnern. Das Gefühl kam zurück. Das Gefühl, das ich monatelang blockiert hatte.

Wir alle sind eins. Und wir alle bestehen aus Liebe. Dennoch haben wir alle eine andere Aufgabe zu erledigen und sind mit den unterschiedlichsten Geschenken ausgestattet. Und genau diese machen uns authentisch.

Erinnern wir uns jeden Tag daran! Das Leben ist wunderschön und voller Magie. Es ist manchmal nervenraubend und einfach zugleich. Es ist einfach, was es ist.

Unsere Essenz ist simpel.

Schlusswort

Wenn wir uns für unser Leben entscheiden, dann sollten wir es jeden Morgen tun. Wir sollten jeden Morgen dafür dankbar sein, dass wir hier sein dürfen. Wir haben Dinge, von denen andere nur träumen können. Dennoch sind wir manchmal frustriert und wissen nicht zu schätzen, was wir haben.

Es geht darum, jeden Tag JA zum Leben zu sagen.

Ja zu unserem Körper, der uns die menschliche Erfahrung ermöglicht.

Ja zu neuen Erfahrungen, denn wir sind hier um zu lernen.

Ja zu den Möglichkeiten, die wir haben.

Ja zu unseren Freunden.

Ja zu unserer Familie.

Ja zu den einfachen Dingen.

Ja zu jedem Tag.

Ja zu Schokolade.

Ja zu Einhörnern.

Ja zu der Magie des Lebens.

Wenn wir jeden Tag JA zum Leben sagen, entscheiden wir uns ganz bewusst dafür. Wir existieren dann nicht mehr nur, sondern wir nehmen das Leben in unsere Hand und fangen tatsächlich an zu leben.

Wir sind dann nicht mehr passiv, sondern werden aktiv.

Dieses Leben bietet so viele Möglichkeiten und so viel Spaß, dass es eine Tragödie wäre, diese nicht zu nutzen.

Say yes to life

Lasst uns tanzen, solange die Musik spielt. Mal ist es ein froher und leichter Tanz.

An anderen Tagen ist es ein schwerer und leidenschaftlicher Tango.

Manchmal kommt die erwartete Musik und manchmal spielt Musik, die wir nicht mögen, uns vielleicht sogar Angst macht. Dennoch sollten wir tanzen und in Bewegung bleiben. Egal, welche Musik gerade spielt, wir sollten sie annehmen.

Das Leben möchte getanzt werden, bei Sonne und bei Regen.

Über die Autorin

Evelin Chudak ist Reisende, Autorin und Bloggerin.

Sie motiviert ihre Leser dazu, ihren Träumen zu folgen und Begrenzungen aufzulösen.

Durch ihr erfolgreiches Buch Freiheit beginnt im Kopf und ihren Blog hat sie schon sehr vielen Menschen zu mehr Freiheit und Selbstbestimmung verholfen.

www.modernhippie.de

modernhippiede modernhippiede

22497457R00130

Printed in Poland
by Amazon Fulfillment
Poland Sp. z o.o., Wrocław